"互联网+"背景下的大学生思想政治教育变革探索

欧阳琼芳　马明飞◎著

中国纺织出版社有限公司

内 容 提 要

随着高校校园网络建设的不断发展与互联网技术的不断创新，大学生网络思想政治教育的重要作用日益凸显。本书以网络信息传播的崛起为立论基点，探讨"互联网+"背景下的大学生思想政治教育，论述了大学生思想政治教育的内涵和特征、地位和功能、目标和原则以及新时期大学生思想政治教育面临的机遇和挑战。从实际出发，对"互联网+"背景下大学生思想政治教育的内容、机制、队伍建设和改革途径作了较为深入的分析。本书总体内容设置的目的是使教学过程循序渐进，同时也能有效地应用到实践中去，希望本书能为大学生思想政治教育工作提供借鉴。

图书在版编目（CIP）数据

"互联网+"背景下的大学生思想政治教育变革探索 / 欧阳琼芳，马明飞著 . -- 北京：中国纺织出版社有限公司，2024.3

ISBN 978-7-5229-1603-3

Ⅰ.①互… Ⅱ.①欧… ②马… Ⅲ.①高等学校—思想政治教育—教学改革—研究—中国 Ⅳ.① G641

中国国家版本馆 CIP 数据核字（2024）第 067178 号

责任编辑：茹怡珊　　责任校对：江思飞　　责任印制：储志伟

中国纺织出版社有限公司出版发行
地址：北京市朝阳区百子湾东里 A407 号楼　邮政编码：100124
销售电话：010—67004422　传真：010—87155801
http://www.c-textilep.com
中国纺织出版社天猫旗舰店
官方微博 http://weibo.com/2119887771
三河市宏盛印务有限公司印刷　各地新华书店经销
2024 年 3 月第 1 版第 1 次印刷
开本：787×1092　1/16　印张：10.5
字数：188 千字　定价：98.00 元

凡购本书，如有缺页、倒页、脱页，由本社图书营销中心调换

Preface
前言

随着互联网的到来、普及，大学生的思想政治教育研究也在发生相应的变化。大学生群体是一个特殊的群体，在"互联网+"背景下，大学生思想政治教育正面临着严峻的挑战。如何最大限度地发挥"互联网+"的优势和特点，有效消除"互联网+"带来的不利影响，在全新的发展形势下创造性地做好大学生思想政治教育工作，已经成为广大高校思想政治教育工作者必须正确认识、严肃面对和深入研究的重要课题。

本书针对当前的情况提出了当代大学生思想政治教育变革研究，全书分为七章：第一章为大学生思想政治教育概述，主要介绍大学生思想政治教育的内涵与特征、目标与意义、问题及面临的形势等；第二章为"互联网+"背景下思想政治教育理论基础，内容包括"互联网+"背景下思想政治教育的地位与作用、任务及其重要性，以及大学生思想政治教育的发展；第三章为"互联网+"背景下大学生思想政治教育网络环境的变革，主要分析网络环境对思想政治教育的影响、大学生网络思想政治教育的实践分析、高校网络思想政治教育的变革；第四章为"互联网+"背景下大学生思想政治教学模式的变革，内容包括"互联网+"背景下思想政治教学之翻转课堂模式、慕课模式、微课模式；第五章为"互联网+"背景下大学生思想政治教育体系的变革，主要介绍"互联网+"背景下高校思想政治工作体系、学习体系、人才培养体系的变革；第六章为"互联网+"背景下大学生思想政治意识形态教育创新，内容包括大学生思想政治意识形态教育的教学创新、"互联网+"背景下加强大学生思想政治意识形态教育的路径创新；第七章为"互联网+"背景下大学生思想政治教育一体化建设，主要介绍基于互联网平台的思想政治课程的一体化建设、"互联网+"背景下大学生思想政治教育一体化的机遇与挑战等内容。

本书在编写过程中参考了大量相关的资料和文献，获益匪浅，在此向有关作者表示衷心的感谢。限于著者水平有限,书中难免有疏漏或不妥之处,恳请广大读者批评、指正,我们将不胜感激。

著　者
2023 年 6 月

Contents
目录

第一章　大学生思想政治教育概述 ·· 1

　　第一节　大学生思想政治教育的内涵与特征 ··· 1

　　第二节　大学生思想政治教育的目标与意义 ··· 10

　　第三节　大学生思想政治教育问题及面临的形势 ··· 13

第二章　"互联网+"背景下思想政治教育理论基础 ·· 19

　　第一节　"互联网+"背景下思想政治教育的地位与作用 ··· 19

　　第二节　"互联网+"背景下思想政治教育的任务及其重要性 ································· 27

　　第三节　"互联网+"背景下大学生思想政治教育的发展 ··· 35

第三章　"互联网+"背景下大学生思想政治教育网络环境的变革 ·························· 39

　　第一节　网络环境对思想政治教育的影响 ··· 39

　　第二节　大学生网络思想政治教育的实践分析 ··· 42

　　第三节　高校网络思想政治教育的变革 ··· 59

第四章　"互联网+"背景下大学生思想政治教学模式的变革 ·································· 71

　　第一节　"互联网+"背景下思想政治教学之翻转课堂模式 ····································· 71

　　第二节　"互联网+"背景下思想政治教学之慕课模式 ··· 75

　　第三节　"互联网+"背景下思想政治教学之微课模式 ··· 89

第五章 "互联网+"背景下大学生思想政治教育体系的变革 ... 97

第一节 "互联网+"背景下高校思想政治工作体系变革 ... 97
第二节 "互联网+"背景下高校思想政治学习体系变革 ... 105
第三节 "互联网+"背景下高校思想政治人才培养体系变革 ... 111

第六章 "互联网+"背景下大学生思想政治意识形态教育创新 ... 123

第一节 大学生思想政治意识形态教育的教学创新 ... 123
第二节 "互联网+"背景下加强大学生思想政治意识形态教育的路径创新 ... 134

第七章 "互联网+"背景下大学生思想政治教育一体化建设 ... 143

第一节 基于互联网平台的思想政治课程的一体化建设 ... 143
第二节 "互联网+"背景下大学生思想政治教育一体化的机遇与挑战 ... 155

参考文献 ... 161

第一章
大学生思想政治教育概述

第一节　大学生思想政治教育的内涵与特征

一、大学生思想政治教育的基本内涵

思想政治工作是党的优良传统、鲜明特色和突出政治优势，是一切工作的生命线。加强和改进思想政治工作，事关党的前途命运，事关国家长治久安，事关民族凝聚力和向心力。大学生思想政治教育工作是我们国家教育的重点项目，正面临着新的挑战和机遇。做好新形势下的大学生思想政治教育工作有利于国家培养高素质人才，更有利于国家发展。厘清大学生思想政治教育工作的内涵，对于我们清楚地认识大学生思想政治教育工作的相关理论概念，并做好研究工作，具有重要的理论与实践意义。

（一）教育的内涵

教育的概念可分为广义的和狭义的。广义的教育是指一切有意识地增进人们的知识和技能，影响人们思想品德和意识的活动。它包括家庭教育、社会教育和学校教育。狭义的教育专指学校教育，即教育者依照一定社会或阶级的要求，对受教育者进行的一种有目的、有计划、有组织的传授知识技能，培养思想品德，发展智力和体力，以便把受教育者培养成为一定社会或阶级所需要的人的活动。它是以培养人为宗旨，是传承经验的途径，是个体社会化和社会个性化的实践活动。

教育者按照法律法规和行业规范，根据学校条件和职称，有目的、有计划、有组织地对受教育者的心智发展进行教化培育，以现有的经验、学识传授于人，为其解释各种现象、问题或行为，以提高受教育者的实践能力。其根本是人以一种相对成熟或理性的思维

来认知对待事物，使其得以接近其最本源的存在，人在其中，慢慢由感官触摸到认知理解，形成一种相对完善或理性的自我意识思维。教育又是一种思维的传授，而人因为其自身的意识形态，又有着另样的思维走势，所以，教育当以最客观、最公正的意识思维教化于人，如此，人的思维才不至于过于偏差，同时因思维的丰富而逐渐成熟、理性，并由此走向最理性的自我和拥有最正确的思维认知，这就是教育的根本所在。

教育的逻辑起点自然是人类社会的产生。从猿到人的转变是由于生产劳动，猿在劳动中逐渐形成以大脑和手为核心的主体机制。大脑可以思维，手可以操作，这就使人区别于一般动物而变成"高级动物"。有了主体机制才有可能成为具有实践认知能力的主体人，人类才能把自己提升为认识和改造客观世界的主体，从而把客观世界变成人类改造和认识的客体。而要认识和改造客观世界需要有主体能力，人类社会是人类在社会实践中创造出来的自身存在形式。

"教育"是以知识为工具教会他人思考的过程，思考如何利用自身所拥有的知识创造更多的社会财富，实现自我价值的体现。

教育是人的基本需要之一，人的一生都需要并都在接受教育。人的一生所受的教育有家庭教育、学校教育、社会教育、工作单位的教育以及自我教育等各种形式。在各种形式的教育活动中，必然会出现各种各样的教育现象，在教育活动中，教育现象是一种普遍存在。所以，教育现象是教育学研究的首要对象。

（二）思想政治教育的内涵

1. 思想政治教育的含义

重视思想政治教育是我们党一贯的传统。高度重视思想政治教育，充分发挥思想政治教育强有力的作用，是中国共产党的优良传统和历史经验。党和国家十分重视思想政治教育工作，尤其是高校的思想政治教育工作，始终强调用最新的马克思主义中国化成果教育全党全国人民，从而推进我国的社会主义现代化不断前进。

目前学界普遍认同的思想政治教育含义是"思想政治教育是指一定的阶级、政党、社会群体遵循人们思想品德形成发展规律，用一定的思想观念、政治观点、道德规范，对其成员施加有目的、有计划、有组织的影响，使他们形成符合一定社会、一定阶级所需要的思想道德的社会实践活动"。

一直以来，对思想政治教育定义的阐释，中国学术界并未达成高度一致。学者们对思想政治教育的基本含义及其应当涵盖的范围内容，众说纷纭、各有侧重。总体而论，大致分为以下三种：

第一，认为思想政治教育重点是政治教育和意识形态教育，关于心理、道德等方面尤其是传统伦理道德的教育是次要的。在中国特色社会主义进入新时代后，思想政治教育被赋予了新的内涵：坚持和加强党的全面领导，把思想政治工作贯穿党的建设和国家治理各领域各方面各环节，牢牢掌握工作的领导权和主动权；坚持以人民为中心，践行党的群众路线，把人民对美好生活的向往作为奋斗目标，组织群众、宣传群众、教育群众、服务群众，强信心、聚民心、暖人心、筑同心；坚持服务党和国家工作大局，全面贯彻党的基本理论、基本路线、基本方略，坚持系统观念，把思想政治工作与经济建设和其他各项工作结合起来，为党和国家中心工作提供有力的政治和思想保障；坚持遵循思想政治工作规律，把显性教育与隐性教育、解决思想问题与解决实际问题、广泛覆盖与分类指导结合起来，因地、因人、因事、因时制宜开展工作；坚持守正创新，推进理念创新、手段创新、基层工作创新，使新时代思想政治工作始终保持生机活力。

第二，则是从字面意义上来加以阐述，即完整的思想政治教育由思想、政治、道德三大方面的教育组成，每一方面都各有其重要性，至于其中哪一方面更重要或次要，则未进行详细深入的区分。

第三，把思想政治教育阐释为一种全面性、综合性的教育实践活动，即认为思想政治教育是一种覆盖政治、哲学、道德、法制以及审美等领域的思想教育，是涵盖所有思想内容的教育活动。

总体来看，第一种观点基本是学术界最流行、获得认可最多的看法，其次是第二种。第三种由于覆盖面太广，以致此种定义相当程度上超出了思想政治教育本身应有的科学内涵范畴，因而不免过于空洞宽泛、流于表面，与现实社会实践活动存在一定程度的脱节，故学界很少有人认可。

2. 其他学科视角下的思想政治教育

（1）教育学的知识借鉴。教学活动是教育学体系的关键要素之一，教学活动包括课程内容的总体设计、课程活动的主体与客体、教学目标、教学手段、教学达成效果等部分。教学活动将德育与智育相统一，将教学触角伸出课堂、走出校园、深入社会。因此，可以说教学活动的整个活动流程与教育学中对于教学活动的研究是不谋而合的，因此要将教育学中关于教育规律和教育活动的基本原理拿来参考和借鉴，从而构建出优质、高水平的思想政治教育教学体系。教育学为思想政治教育对如何组建课程活动、开展实践活动提供客观依据，并从教师角度入手揭示教师如何规范地实施教学过程，学生如何高效地参与到教学活动当中,为有效地进行教学打造一套可遵从的规范。还要注意保持和教育学研究的核心内容相一致,要从教育学中的关注点,即通过德育来探讨内容、原则、方法和评价的确定。教育学中关于教学主要手段的论述为思想政治教育提供了有益的借鉴,如思想政治教育教学中通过开展的形式多样的教学活动,引导学生将课本理论与具体实际相结合,达到实践育人的目的,这一点就是与教育学融会贯通的地方。

（2）心理学相关依据。掌握心理学在教育中对人的影响过程是思想政治教育进行构建的基本点,这表明必须从根源上探讨如何通过构建教学体系使学生在教学过程中达到所要求的思政品德,这一过程也可以反映出个体内心活动的变化和心理的起伏。在思想政治教育过程中,心理学的相关理论和方法能将学生思想品德形成过程的心理活动展现得淋漓尽致,深入挖掘如何构建切实可行的教学过程,可以揭示学生在教学活动中个体本身知、情、意、信、行等方面的心理变化。在分析研究这一过程的基础上,抓住内部规律,构建适应学生心理特点的思想政治教育规律。心理学除了用于发现学生在教学实践过程中思想品德形成的心理规律,还为思想政治教育的研究寻找了新的切入点,使构建的思政课教学具有全面性与广泛性,经得住各门学科的检验。

（三）高校思想政治教育的内涵

思想政治教育在任何时候都是国家建设的重点内容,高校思想政治教育方法的创新发展更是关系着培育社会主义现代化强国和全面建成小康社会接班人的极为重要的思想政治教育活动。要研究新时代高校思想政治教育方法创新,就必须对已有的与之相关的背景、概念和实现途径有一定的了解、理解与把握。

高校思想政治教育工作也是社会主义现代化建设的精神动力和思想保证。因此,要加强和改进大学生的思想政治教育,不断地培养全面发展的高素质人才。而作为高校大学生,成为中国特色社会主义事业的合格建设者和接班人,是我们能够在日趋激烈的国际竞争中站稳脚跟,实现中华民族伟大复兴的必然要求。高校思想政治教育是建设小康社会、和谐社会的重要一环,是实现社会主义现代化建设宏伟目标的需要。大学生是最富有生机和活力的、代表着祖国的未来和希望的社会群体之一,大学生思想道德素质的提高,对全民族的思想道德素质的提高有明显的示范和推动作用,是全民族思想道德素质提高的重要方面和重要基础。同时,大学生是青年中的优秀分子,是十分宝贵的人才资源,是中国特色社会主义建设事业的重要力量。在大学生的成长过程中,高校的思想政治教育工作起着主导作用。只有广大青年大学生们具有较高的马克思主义理论素养、强烈的爱国主义情怀、坚定的社会主义信念，才能具有无限的动力刻苦学习科学文化知识，全身心地投入社会主义现代化建设中来，确保我国的社会主义建设事业兴旺发达，后继有人。

教育是国之大计、党之大计，承担着立德树人的根本任务。思想政治课是落实立德树人根本任务的关键课程，发挥着不可替代的作用。面对新形势、新任务、新挑战，有的地方和学校对思政课重要性认识还不够到位，课堂教学效果还需提升，教材内容不够鲜活，教师选配和培养工作存在短板，体制机制有待完善，评价和支持体系有待健全，大中小学思政课一体化建设需要深化，民办学校、中外合作办学思政课建设相对薄弱，各类课程同思政课建设的协同效应有待增强，学校、家庭、社会协同推动思政课建设的合力没有完全形成，全党全社会关心支持思政课建设的氛围不够浓厚。办好思政课，要放在世界百年未有之大变局、党和国家事业发展全局中来看待，要提升到坚持和发展中国特色社会主义、建设社会主义现代化强国、实现中华民族伟大复兴的高度来对待。思政课建设只能加强、不能削弱，必须切实增强办好思政课的信心，全面提高思政课质量和水平。

面对新时期新挑战，高校思想政治教育需要不断加强和改进。首先，要提高对高校思想政治教育的重视程度。高校要全面了解党的思想政治教育工作的新要求和新部署，深入领会其精神实质，把思想认识统一到中央精神上来，为进一步加强和改进思想政治教育工作打好思想基础；学校党委和相关部门要根据中央和上级部门的要求，尽快把加强和改进高校思想政治教育工作列为重要工作摆上议事日程。要根据学校的实际情况，完善思想政治教育工作领导组织机构，形成各部门相互协调、密切配合的思想政治教育管理体制，营造共同关心和支持高校思想政治教育的良好氛围。其次，统筹协调，确保落实各项工作，加强高校思想政治教育学科建设，为高校思想政治教育创造良好的保障条件。学科建设是高校思想政治教育建设的重要基础和发展平台。最后，坚持推进高校思想政治教育理论课的教学模式的创新、教学方法的创新、教学体制的变革等各个具体方面的改进，规范教学环节，确保教学质量，促进高校思想政治教育的有序、持续和健康发展。在高校思想政治教育实践中，从大学生实际出发，形成贴近学生、了解学生、尊重学生的教育理念和氛围，真正把思想政治教育的目标和功能与学生关心的具体问题，比如贫困生资助机制、毕业生就业指导机制等结合起来，切实增强高校思想政治教育的针对性和时效性。

二、大学生思想政治教育的基本特征

（一）整体性与层次性相结合

1. 导向指引性

思想政治教育教学是维护好、发展好党的意识形态工作的重要组成部分，也是提高人民思想道德素质的重要手段和工具，具有导向指引性。思想政治教育教学是本学科理论体系中的基础，理论作为人们在实践的基础上，对事物的认识由感性上升到理性而形成具有前瞻性的教育内容，其本身对教学实践活动就具有导向指引作用，而思想政治教育自身具有阶级性特征，也必然有一个价值指向。导向指引性主要是针对以下两方面而言。

（1）对大学生的个人发展和如何在社会实践中发挥自身作用起到导向指引作用，包括引导学生的思想观念、精神境界朝着全面发展的方向提升，增强学生的精神力量；在实际的教学中促进社会主义核心价值观同学生自身的思想观念相融合，积极引导和帮助学生自觉接受并且树立社会主义核心价值观，引导学生为实现伟大复兴的中国梦而努力等。

（2）为教学实践活动提供一个客观的标准，对思想政治教育教学的改革发展方向起到指引作用，促进教学理论的创新与发展。思想政治教育教学是教师在马克思主义的指导下对学生的价值选择和社会价值的取向产生导向指引作用，使其形成社会发展所需要的道德规范和思想素质。思想政治教育教学的导向指引是实现教学目标的关键，其既是促进社会和个人全面发展的要求，也是马克思主义理论与时俱进和教育多样化发展的需要。

2. 整体性

整体性在思想政治教育教学中首先体现在教学中的每一阶段和环节中，其次也体现在教学内容的整体性。思想政治教育是向学生传授马克思主义理论知识，这一理论具有完备的逻辑体系和框架，其发展历程也具有整体性。思想政治教育教学的导向指引下的整体性主要表现在以思想政治教育为教育教学内容并引领教学的正确方向。而这门课程本身就具有完整性，在教学过程中首要的是让学生认知和了解其内容及思想的整体性，而不是对某一部分具体的知识点进行深挖。在教学过程中，不应把认识某一具体知识的目的作为教学的第一要务，否则学生将无法领会这一教学内容的思想，更无从谈起对知识、思想的转化。

思想政治教育是一门兼具系统性、完整性的课程。可将各种性质类型的教育教学因素整合到教学过程中，并引导学生把感性认识或零星观点转化成整体的思政素质。其教学最重要的一点就是要使学生对马克思主义理论的价值立场、观点等思想的认识转化为信念，因此在教学过程中一定要重视对整体性的把握。思想政治教育教学从根本上来说，也是思想政治教育范畴体系的重要组成部分。这一范畴体系是一种思维形成的存在，由不同的要素、层次而构成的一个整体结构，其变化发展集中地体现了辩证逻辑整体的运动过程，在过程中不同的要素、层次之间，整体与层次、要素之间，整体与外部事物之间都有着各种联系。思想政治教育教学作为一个学科体系的重要组成部分，必然要求通过思维形式来系统反映其包含的要素、层次，使教育者和受教育者从中获益。思想政治教育教学体系是从本质上揭示了各种联系以及范畴之间的运动轨迹和规律。

3. 层次性

思想政治教育教学的层次性表现在这一教学既然是一个教育教学的整体系统，其间必然具有教育教学的局部层次。思想政治教育教学体系的划分是依据逻辑思维的组织、推演及运行规律展开的，继而形成了由起点、中心、中项、成效和终点等范畴构成的这一具有逻辑性和科学性且合理有序的范畴体系。普通高等院校思想政治教育教学是围绕中心范畴，然后从起点范畴开始，经过中项范畴、成效范畴最后到达终点范畴的动态运动和发展变化的过程。这个过程动态简洁地揭示了普通高等院校思想政治教育教学体系中不同要素和层次之间的内在联系及运动变化的本质规律。思想政治教育教学的整体属性决定了其不能孤立存在，只有体系完整、各要素层次分明、合理有序地联系在一起，才能科学地反映思想政治教育教学的本质规律。正是由于普通高等院校思想政治教育教学的这种整体性特征，其结构与层次之间必然彼此关联、相互作用。一是指系统与要素环节具有稳定的关联性，即其范畴体系中的各个具体范畴均有固定的位置和作用等；二是指层次与层次之间具有关联性，即指这一教学内的每一逻辑层次之间都是彼此相连的，具有逻辑规律的关系。正是由于这种系统与要素、层次与层次之间的关联性，使得这一教学体系的结构成形，并具有稳定性。关系是结构得以存在的前提，也是构成系统的基础，而只有系统内要素间得以稳定，才能形成彼此之间稳定的关系，任何事物的整体性质都是由每一部分之间相互依存又相互制约的关系来体现的。

在思想政治教育教学体系中整体与任一层次、层次与层次之间都有着相互制约与依存的关系。思想政治教育教学不仅具有导向指引下的整体性特征，还具有教育教学过程中的层次性特征，从而能够把这一系列的动态联结为合理有序、层次结构分明的有机统一整体，并构成体系。综上，思想政治教育教学具有导向指引下的整体性和教育教学的层次性的特征。

（二）科学性与利益性相结合

1. 科学性

思想政治教育教学的科学性在于其所概括和反映的内容，思想政治教育教学通过教学实践活动使学生形成社会所需要的思政道德，培养学生全面发展的综合能力。马克思指出无产阶级社会中，就是要让社会成员的能力得到充分的发挥，而思想政治教育就是遵循着这一观念展开其教学活动的，以期通过教学使学生的观念得到最大化的提升。社会的发展及其实践活动都需要理论的指导，理论是发展的动力。思想政治教育教学实践活动以马克思主义理论为基础，向学生传授其价值体系、立场、观点等，其教学就是在马克思主义理论的指导下建构的。这一教学的科学性还体现在其自身具有的客观实在性和规律性。在任何历史时期和政治体制下，普遍性都是思想政治教育教学实践活动的特殊矛盾运动及其本质规律的一个基本特征。所以，客观性和科学性就构成了思想政治教育教学内容基本特点。任何历史时期和任一体制下的意识形态教育，基本客观地反映了其内在的本质和固有的规律。它的科学性是绝对的，这一教学实践在一定的具体条件下具有相对不变性，并保持其相对稳定性。辩证唯物主义强调的是要承认真理的客观性和绝对性，且真理是正确揭露客观物质的本质和规律的，因此承认这一教学的客观性就是承认了它具有绝对性。

2. 利益性

思想政治教育的利益性指根源于其本身具有的阶级性和意识形态性。其具体达成目标和服务的对象是由统治阶级的阶级性质和立场决定的。马克思历史唯物主义观认为，全心全意实现最广大人民群众的根本利益就是马克思主义政党鲜明的政治立场。毋庸置疑，为无产阶级政党和广大人民群众服务是社会主义国家思想教育的宗旨。

（1）思想政治教育教学的教学实践，既包括对原有教学内容的修正，也包括在现有的基础上更新内容。任何事物的产生都摆脱不了现实的因素，范畴也不例外，这一理论体系的构建会被当时的实践所影响，其结构体系是对当前教学实践的总结、归纳和抽象。但由于被许多条件限制，它不能对未来的教学实践进行完全准确的判断，故当前的范畴反映的内容是相对的，并不是绝对的。

（2）马克思主义认为，范畴是运动、变化和发展的。思想政治教育会不断地进行改革发展，其教学内容不断地扩大，教学方法不断地增加变化，人的认识能力和水平也在随着对事物的不断认识而不断提高，继而会有新的观点出现。

（3）正如辩证唯物主义观点强调的那样，事物在实践中是矛盾的状态，是不断变化发展的，会呈现相互对立、相互依存的状态，并能够辩证转化的，此时对立、彼时统一，这也是事物的一个过渡性和相对性特征。而思想政治教育教学的相对性就是对其教学实践中的基本矛盾运动及转化的反映。因此，思想政治理论课教学之间是能够辩证转化的，具有相对性。

（三）客观性与主观性相结合

思想政治教育教学是客观内容与主观形式的辩证统一，它是对思想政治教育教学实践活动中的各种现象之间的关系，以及教学的特性、教学的本质等方面的一般概念的概括和反映。思想政治理论课教学的客观性与主观性的统一体现在两个方面：一方面是其内容来源是客观的，丝毫不能离开客观实在性；另一方面是从形式上来说是主观的，其内容是客观存在的反映形式，人们通过自身的主观能动性，对教学实践的具体内容进行能动的思考，对其进行能动的反映和改造。假如没有通过意识和思维对教学实践的客观内容进行主观创造，其也就无法将客观性和主观性统一在特定的思想政治教育教学实践活动中。

思想政治教育教学的客观性是指其教学内容来自这门课程所研究的特殊领域的教学实践，包括具体的课堂教学和实践教学，且其所固有的本质和规律性是不以教育者的主观意志为转移的客观实在。思想、知识、行为、理论教学、实践教学、管理教学、教师与学生、理论灌输与情感共鸣等都是这一教学实践的内容，它们都从属于意识层面，但其都不是由主观意念自主产生的，范畴体系的构建都是从实践中产生，是教学实践的结果，是对实践的科学分析和抽象，所以它不同于不以人们意志为转移的、独立于人们意识之外的客观实在性的物质的客观性。思想政治教育教学是对教学实践活动的本质和规律的反映。因此，从其范畴内容的来源和它建构的过程、趋势等来看，它都具有客观性。

研究理论问题时，我们需要充分调动人的主观能动性，人们的主观性能够将思想政治理论课教学的研究领域中产生的具有客观实在性的原材料进行加工制作，这种加工制作就是通过人脑对客观实在进行理论思维的创造活动，使其在表现形式上具有主观性。例如，我们在讨论教学问题时，不能把教学的内容和反映形式割裂开来，只承认教学的主观性或者只承认客观性，都是片面的、错误的，普通高等院校思想政治教育教学是主观性和客观性的统一。

（四）实践性与认识性相结合

人们运用头脑的主观理论思维对从教学实践过程中得到的原材料形成最初认识；在最初认识的基础上进行反复推敲，分析研究，总结归纳教学实践的内在的、本质的特征和现象；继而对这些现象的普遍联系进行分析研究，得到各种现象的内在联系和共同本质，从而形成思想政治教育教学的实践性。其实践性表现在两个方面：首先，源于思想政治理论课教学实践并服务于思想政治理论课教学实践；其次，这一特性对培养大学生正确的马克思主义价值立场、方法、观点等具体的、现实的教学实践活动具有指导作用，是影响教学目的和教学效果达成的重要因素。

普通高等院校思想政治教育教学的本质就是教师与学生之间不断实践，不断提高认识，再用"认识"指导实践并得出新的认识。老师的教与学生的学就是构成这一特殊教学实践的统一结合体，从而使反映教学基本概念的范畴具有实践与认识的统一性。教学的根本属性就是实践，其从实践中得出，也反作用于实践，为实践做指导。基于思想政治理论课教学实践活动而展开分析研究构建得到的思想政治教育教学也是实践和认识的统一体，具有实践和认识的统一性特征。

第二节　大学生思想政治教育的目标与意义

一、大学生思想政治教育的目标

（一）思想素质目标

要坚定贯彻马克思列宁主义、毛泽东思想、邓小平理论、"三个代表"重要思想、科学发展观和习近平新时代中国特色社会主义思想，明确辩证唯物主义的思想，树立正确的"三观"，在生活中不断锻炼自己尝试运用马克思主义世界观和方法论进行思考和判断；培养集体至上的"三观"，批判享乐主义和拜金主义，明确国家利益高于个人利益的思想，对建设富强祖国充满信心和力量，为祖国做贡献才是青春正确的方向。

（二）道德素质目标

以集体利益为最高荣誉，个人利益要服从于集体利益，坚信团队合作的重要性和必要性；吃苦耐劳、勤俭节约，在生活学习工作中做到艰苦朴素，享乐在后；遵守法律，热爱国家，懂礼貌，讲诚信，为人团结和睦；积极进取，思想要具有正能量，用乐观豁达的心态面对生活；对于事业和学习要充满干劲，秉持着严肃认真的态度；能听进各方的意见和建议，汲取批评中的养分，努力完善自己的道德修养。

（三）政治素质目标

对于我国的历史和国情要了然于胸，对于我国传统文化的优秀之处要加以发扬和继承。不忘初心、坚持共产党领导，继承先辈的革命斗争精神，坚决维护祖国统一和团结，将祖国的利益和荣誉放在心中首位。具有献身祖国、报效人民的思想觉悟，坚定拥护党的领导和国家的政策方针，做忠诚的爱国主义者。

（四）法纪素质目标

要致力于弘扬民主法治的社会主义核心价值观，自发学习我国宪法，能够做到正确行使公民权利、维护公民利益、履行公民义务。要从根本上培养大学生的法律意识，教导学生做到自我约束、自我管理，能够运用法律武器做出正确的判断和决策。培养学生的勇气和承担挫折的能力，在内遵守校规校纪，在外遵守社会公德和法律法规，自觉主动地帮助维护学校和社会的正常公共秩序，深刻领悟法治社会的建成需要每个人的努力。要让法治变为信仰，融入大学生的思想道德教育中去，才能让思想转化为实际行动，让法纪素质教育贯穿始终。

（五）心理素质目标

心理素质是一个人心理过程和心理特征的体现，是衡量每个人在情感、意志、性格、行为等方面的综合标准体系。要培养大学生形成坚强、自爱的性格，增强其抗打击和受压能力，使其具有较好的自我调节能力。这将有利于大学生未来的工作、事业、婚姻、家庭等，保证其在遇到挫折时可以不丧失勇气和信心，不断努力去改善困境，拥有良好的心态，从而拥有良好的人生。

二、大学生思想政治教育的意义

（一）有助于教学任务的完成

思想政治教学作为最基本的教学活动之一，其最重要的功能就是保障高校大学生和高校教师顺利、高效地完成思想政治课的教学任务。它能够使教师更加深刻地掌握这项教学实践活动的本质和规律，能够帮助学生更好地掌握教学内容，从而取得良好的教学效果。思想政治教育是我们认识课程教学实践活动本质与规律的基础。有助于树立正确的、科学的范畴体系，能对教学实践活动有更深层次的认识，有助于揭示研究对象的本质和规律，对高校大学生和高校教师顺利、高效地完成教学任务有重要的保障作用。思想政治教育教学对教学的思维方式具有引导更新的作用，使思维与时俱进。在对思想政治教育的研究、推演的基础上产生思想政治教育教学的具体内容，这实际上就是思维运动的结果，通过对已经存在的范畴进行进一步的探索，产生新的范畴并揭示其概念。通过对教学范畴不断的深入研究，它能对教学中的各种现象的认识从感性上升到理论层面，为思想政治教育教学实践活动指明方向，确保高校大学生和高校教师顺利、高效地完成教学任务。

（二）有助于大学生树立正确的信念

通过思想政治理论课教学可以使学生完整、准确、科学地理解和把握马克思主义的科学理论，避免了对马克思主义理论片面、肤浅的理解，同时也可以避免或减少某些学生用个别结论、现象代替或否定马克思主义的立场等。教师用科学的方法向学生讲授思想政治理论这一科学的内容，可以引导学生对科学世界观和方法论的掌握。例如，思修课第一章的内容就是要引导学生树立正确的理想信念。人们借助思想政治教育教学将其实践过程中出现的种种现象、疑难问题、关系都统一到一个有机体里，对其进行全面的、整体性的分析阐释，从而能更好地认识和把握这一系统。把其作为思维工具对教学进行指导，帮助学生树立正确的理想信念是研究范畴的重要作用；构建范畴体系，完善思维形态是教学理论研究的重要任务。通过思想政治教育教学指导教学实践活动，对大学生树立正确的理想信念有重要意义。

（三）提高大学生的思想政治觉悟

思想政治教育的范畴是通过思维逻辑对具体的现象进行抽象化，而其功能则是把抽象的概念具体化，用于指导实践。换句话说，这一教学就是从逻辑层面展现了教学过程的系统性和整体性，从而构成教学理论的基础。目前，随着教学手段的不断发展，实践活动内容多样、形式各异。思想政治教育教学作为教学的理性认识和基本理论单元，教学的每一环节产生、变化、发展的基础，对教学中诸要素的位置、作用都有明确的规定，它对教学的指导作用，是教学效果和目的达成的保障。思想政治教育教学对教师所采用的教学方式方法具有指导作用，也是教学方向的重要影响因素，保证了教学内容和对学生思想引导方向的正确性，同时与马克思主义所提倡的思想、政治、价值观念保持一致性，对大学生树立正确的价值理念和政治方向，提高大学生的思想政治觉悟及坚定正确的政治方向有保障作用。

第三节 大学生思想政治教育问题及面临的形势

一、大学生思想政治教育中存在的问题

随着大学生思想政治教育改革如火如荼地进行，大学生思想政治教育工作也始终紧跟高等教育发展潮流。但是从当前大学生思想政治教育的基本现状来看，目前大学生思想政治教育的建设与发展并不能满足时代所提出的新要求。为此，笔者在这里提出了目前大学生思想政治教育的现状以及改善当前大学生思想政治教育工作现状的基本方案，希望广大大学生思想政治教育工作者在工作实践中能够受到一定的启发。

（一）思想政治教育资源问题

所谓的大学生思想政治教育资源配置，实际上就是大学生思想政治教育人员按照现阶段存在的思想政治教育资源类型，联系其内在的关系，并依照各种情况展开科学且合理的调节与配合，为达到理想中的大学生思想政治教育目的，保证大学生思想政治教育活动能够顺利进行的实践活动。

由于全球化领域以及影响力的持续扩大，科技和社会的进一步发展与进步不但改变了人们的生活环境，也改变了思想政治教育环境，尤其是大学生思想政治教育的环境。再者，我国自改革开放以来，文化、经济、教育与政治均得到了很大的发展。伴随高等教育改革的逐步深化，思想政治教育持续改变、持续追寻马克思主义理论和新时代中国特色社会主义构建与发展实践相融合，展现了时代精神的内容体系，促进了大学生思想政治教育资源观产生改变。鉴于此，大学生思想政治教育资源配置问题的探索也步入了全新的阶段。

现如今，随着我国高等教育事业的持续发展，以往大学生思想政治教育资源配置问

题逐步显现出来，因而大学生思想政治教育资源配置改革尤为紧迫。

1. 思想政治教育资源配置重视程度不够

到现在为止，大学生思想政治教育资源配置观念虽经历了长期的发展，可是仍然未能从根本上产生变化，和当今大学生思想政治教育发展需求以及大学生思想变化依旧有不符之处，依旧有着保守与教条式的思维方式。然而，在西方国家思想比较开放，非常关注思想教育，也因此在思想政治教育方面的投资以及配置更加发达，最明显的表现就是在著名的世界级高校持续涌现出来的思想家。正因为这部分优势吸引的外因，促使我国社会各界人士对于大学生思想政治教育资源配置问题的重视力度较弱的内因展开了分析，了解到：第一，国家教育部门并未对相关大学生思想政治教育资源配置问题的实况实时主动要求有关部门反馈信息，所以对各个地区的大学生思想政治教育资源配置工作状况缺乏直观的了解与认识，因此根本不能制定出科学的政策；第二，各个省份教育部门以及高校本身，教育工作人员未能从受教育人员本身的需求着手，因此对受教育人员特征以及需求了解不够，造成大学生思想政治教育资源配置产生了供给不及时的问题。

2. 思想政治教育资源利用率较低

资源产出效益取决于资源利用率，我国高校现阶段的思想政治教育资源产出效益还处在水平较低的阶段，这也导致我国大学生思想政治教育效益无法大幅度提升。很多大学生反馈，自己手里面除去正式的"两课"课本以外，学校也发放了有关辅导书籍，可是这部分书籍使用的机会却非常少，往往到学生毕业都还是新的，在学校每一年的旧书回收市场中，这部分课本的身影很常见。

3. 思想政治教育资源配置失衡

我国的大学生思想政治教育资源配置里面最突出的一个问题当属资源分配不均衡。该种分配不均衡主要体现在以下两个方面：首先，地区间分配不均衡；其次，高校与高校之间的分配不均衡。地区间分配不均衡的根本原因是我国地区经济发展不均衡，经济发达地区的高校教学资源和经济不发达的地区高校资源相比较，前者资源要丰富得多。而高校和高校之间的分配不均衡是受到了现代教育经费分配体制的影响，都是国家分配的经费，可是重点大学得到的经费比普通或者民办高校得到的经费更多一些。

现阶段，大学生思想政治教育资源发展与健全，不但需要促使资源的合理运用与优化配置，还需要紧跟时代发展的脚步，发展出实用性的思想政治教育资源。在将来，随着知识经济作用的逐步提高，要确保大学生思想政治教育观与时俱进，就必须构建开放的思想政治教育资源管理系统，革新资源管理体制，增强高校内部思想政治教育工作者专业化构建。

（二）思想政治教育方法问题

1. 教师知识单向度传递，学生缺乏系统化学习

一是课程本身理论性较强的特性决定了知识必须以教师讲授的方式传授，教学方式单一、教学方法单调，以学生被动接受为主，形成了"填鸭式"的教学；二是教学要求必须以较少的课时来完成整体的教学目标，教学量相对来说较重，导致知识传导单向输送，削弱了学生学习思想政治的主动性、积极性与创造性；三是考核形式以单纯的课题考试的方式为主，导致学生学习上的敷衍态度，对社会性以及现实性问题缺乏深入思考，缺乏知识传播与互动，知识单向度传递明显。大学生思想政治教育是一个动态的过程，我们要全面、真实地看待学生的发展，思想政治教育就要结合学生自身的特点来进行，"因材施教"才能有良好的教育效果。一成不变、死板的教育会使我们的思想政治教育脱离实际，不可能达到理想的效果。学生在不同的时期，其思想会受到各种因素影响，我们需要对其进行系统化、持续化教学。

大学生思想政治教育在很长时间内都是教育者处于主体地位，思想政治教育者认为只有这样才能占据思想政治教育的主导，完成高校人才培养的目标。基于这种认识，高校思想政治教育者会更加注重自身在高校思想政治教育工作中的主导性和权威性，在教育过程中时时处处体现我说你听、我说你做的单向度传递思想政治教育模式。同时，很多高校将大学生思想政治教育工作的主体都分配给辅导员，辅导员作为学生工作的领头雁，既是学生学业的导师，又是学生生活的朋友，但很多辅导员主修课程并不是思想政治教育，在宣传教育过程中缺乏系统的专业指导，往往不能与学生产生共鸣，这就导致高校思想教育的效果大打折扣。作为被教育者的大学生，他们处于高校思想政治教育的客体地位。大学生在接受思想政治教育的实践中，常常是被动地接受教育者所传授的思想政治教育信息，并受相关规范、准则及制度的约束。在这个过程中，大学生常常被作为客体来塑造，这很容易导致大学生被统一的标准所束缚，使教育效果不理想。因此，高校思想政治教育者应设法调动大学生的主观能动性，根据受教育者的具体情况设计符合新时代要求的思想政治教育方式。

2. 内容单一式灌输，流于形式

一是很多高校的思想政治教育工作流于形式，只注重结果，而忽略了过程，过分强调思想理论而轻视学生在实际中的应用。学生会觉得假大空，久而久之会产生疑惑，滞留

在空泛的思想领域里;二是大学生思想政治教育内容以理论知识灌输为主,缺乏道德等其他层面内容的教育,与其他课程教学关系呈现割裂状态,重视知识传授而忽视德育、心理健康等方面知识教育,使学生不能全面地、客观地、辩证地看问题,让学生的视野变得狭隘,缺乏用发展的眼光看待问题、解决矛盾的能力;三是教学理论与实践的脱节,讲授课程仅仅局限于概念、规律、原则、结论等的传授,并没有传授理论思维的思考方法,没有做到"授之以渔",也没有把这种概念等内容传授形成观察世界的方法、指导和实践,理论与实践的脱节,使大学生思想政治教育无法引领学生把握新时代脉搏、应对新时代挑战。

3. 环境复杂性凸显

在深化改革的大背景下,思想政治教育教学环境日趋复杂,信息数据的多元化、便捷化、碎片化使思想政治教育的内容更加繁杂、涉及面更加广泛。思想政治教育的环境不是单纯的环境,而是一个复杂的系统,这个系统的优劣直接关系教育教学水平能否提升,因此,整个社会发展环境以及校园思想政治教育的教学风气在不同层面上冲击着大学生思想政治教育的创新发展。

二、大学生思想政治教育的理论指导及面临的形势

(一)大学生思想政治教育的理论指导

1. 以实现中华民族伟大复兴的使命为指引

我国的文化历史源远流长,在不同时期都有过辉煌的成就。新时期,大学生思想政治教育应以实现中华民族伟大复兴的使命为指引,加强大学生的政治意识、学术意识,以此培养出高质量的综合型人才,从而积极地为中华民族伟大复兴做贡献。

2. 以客观认识中国特色和国际比较为指引

在新时代,全球经济一体化已经成为主要的发展趋势,我国为增强社会主义制度的优越性及提高综合国力,必须重视大学生政治意识、综合素养的培养,才能借助青年的力量,提升我国的国际竞争力。因此,在大学生思想政治教育中,以客观认识中国特色和国际形势作为思想政治教育的理论指导与发展理念,充分体现了我国高校紧跟时代发展的步伐。

同步的超前意识,使我国大学生的政治思想与行为意识,都能关注国家的发展动

态，并以增强国家竞争能力为发展目标，不断地学习，为我国社会和经济发展奠定坚实的基础。

3. 以高校大学生和高校教师思想意识的发展变化为指引

高校思想政治教师，应担负起引导学生政治思想正确健康发展的重任，努力提升政治素养，结合我国社会主义发展目标，根据学生的学习能力、认知水平及实际生活和社会环境，从思想和行为上影响大学生，并以自身的政治素养构建文明和谐的政治环境，力求让学生在学习和生活上，都能以政治素养高水平发展为目标严格要求自己。

（二）大学生思想政治教育面临的形势

1. 国际形势

首先，经济全球化的发展使世界各国在政治、经济和文化上都能够进行深入的交流，拉近了与彼此的距离，将世界变成了一个能够相互联系和影响的整体。但事实上，东方国家和西方国家还是存在一定的差异性，无论是在意识形态方面还是在物质方面，都体现出一定的区别。

其次，伴随科技的高速发展与进步，文化传播的速度日新月异，同时新兴的网络媒体与自媒体等平台，也让文化传播的渠道变得更加广泛与便捷。科技的进步让世界各国之间的联系更加紧密，文化的开放不可避免地让西方的文化和价值观潮水般地涌入国内，与国内传统文化与价值观进行激烈的碰撞，对大学生价值观的形成产生了或多或少、直接或间接的影响。而且新时代的大学生是在互联网影响下成长起来的，其对文化与价值观念的接受范围也更加广泛，时刻面对着文化之间碰撞带来的困惑与斗争，比较容易受到各种不良文化和思想观念的影响，导致盲目地推崇国外文化。

2. 国内形势

（1）市场经济体制带来的挑战。大学生思想政治教育工作在一定程度上来说，是与某些经济基础相匹配的意识形态的工作。近年来，我国经济水平不断提升，社会经济体制发生了较大转变，意识形态领域也面临复杂情况。这对大学生的价值观念有较大的影响。学生对品德教育的重视程度普遍低于对知识技能教育的重视程度，导致学生在学习中很难提升学习的积极性，这成为大学生思想政治教育中的一个挑战。

（2）科技发展变化带来的挑战。随着社会经济的不断提升，信息技术也在飞速地发展，为人们的生活提供了较多的便利，随之而来的是大量的信息传递。网络的发展让信息传递更加迅速，覆盖面也更加广泛。在这样的背景下，大学生思想政治教育得到了更好的技术支持，知识的获取变得更加快捷。但与此同时，庞大的信息量也容易使辨别是非能力较低的学生误入歧途，因此，提高学生素养势在必行。

（3）国家教育方针带来的挑战。我国的教育方针开始转向了学生的素质教育方式，对大学生思想政治教育带来了两方面的影响。一方面，其为我们的教育提供了更多的空间，促进了我们的教学水平的提升；另一方面，其带来的是更加多元化的背景，各类教育目标罗列在我们的面前，我们需要不断地提升自己的教学素养，并且需要去正确地区分轻重缓急来进行学生的教育实施，这给我们的教育工作增加了一定的难度，带来了较大的挑战。

（4）教育工作体系问题带来的挑战。在大学生思想政治教育的实施过程中，教育工作体系给提升教育效果带来了一定的挑战。思想政治教育要面对的是学校及教师的教学思想认识和素养等方面的问题，这些也是当前我国高校教育中的弱势所在，对我国的教育造成了一定的阻碍。在日常的教育中要重视这样的教育挑战，将挑战转变为机遇，有针对性地解决教育问题，积极扭转困境，从而对学生的学习效果提升起到促进的作用。

第二章

"互联网+"背景下思想政治教育理论基础

第一节 "互联网+"背景下思想政治教育的地位与作用

一、"互联网+"背景下思想政治教育的地位

（一）思想政治教育是实现马克思主义教育的基本途径

马克思主义是马克思、恩格斯在批判地继承和吸收人类关于自然科学、思维科学、社会科学优秀成果的基础上创立的，并在实践中不断丰富、发展和完善的无产阶级思想的科学体系，是关于资本主义发展和转变为社会主义以及社会主义和共产主义发展普遍规律的学说。马克思主义是无产阶级争取自身解放和整个人类解放的科学理论，是关于无产阶级斗争的性质、目的和解放条件的学说，为实现无产阶级及其政党认识世界和改造世界提供了强大的思想武器。马克思主义以及中国化的马克思主义，为建设中国特色社会主义提供了理论指导。要充分发挥其指导作用，就必须对广大人民群众进行马克思主义理论教育，使人民群众深刻理解和完整把握马克思主义的科学世界观和方法论。大学生思想政治教育是马克思主义理论教育的主要渠道，是马克思主义理论实现其价值的必经途径。

马克思主义和中国化的马克思主义，只有被广大人民群众掌握，才能转变为改造世界的物质力量，才具有现实意义。马克思指出："批判的武器当然不能代替武器的批判，物质力量只能用物质力量来摧毁，但是理论一经群众掌握，也会变成物质力量。理论只要能说服人，就能掌握群众；而理论只要彻底，就能说服人。所谓彻底，就是抓住事物的本质。"值得注意的是，理论转化为物质力量要通过一个媒介——人，也就是说，只有"理论掌握群众"才能转化为物质力量。而理论要"掌握群众"，除了理论本身要彻底即具有科学性

外，毫无疑问还要靠宣传教育。思想政治教育是将马克思主义理论变为物质力量的重要途径。通过系统的思想政治教育可以帮助人民群众深入理解和把握马克思主义理论，树立正确的世界观，掌握科学的方法论，提高认识世界和改造世界的能力，使其积极投入中国特色社会主义建设中，将马克思主义理论变为巨大的物质力量。实践表明，我国思想政治教育在这方面起到了不可替代的重要作用，在新民主主义革命时期、社会主义革命及其建设时期、改革开放新时期，正是因为坚持对广大人民群众进行马克思主义理论教育，使马克思主义成为广大人民群众改造社会的强大武器，才促使中国社会发生了翻天覆地的变化，得到了举世瞩目的发展。

在21世纪，要继续推进中国特色社会主义事业，使马克思主义理论的价值得到充分体现，就必须进一步加强对广大群众的马克思主义理论教育。21世纪的人类社会，"互联网+"已经深深根植于社会经济、文化、政治和生活等诸多方面，成为信息化浪潮中与国家前途息息相关的重要因素。"互联网+"克服了传统媒体信息传递速度慢的弱点，使马克思主义经典原著、马克思主义中国化的理论成果可以在短时间内通过互联网传播到世界各地，让更多的人了解并逐步认同这一科学理论体系。"互联网+"的不断发展，使马克思主义价值体系的认知方式从静态变为动态，从现实走向网络。和传统方式相比，"互联网+"扩大了马克思主义思想传播的覆盖面，人们可以更容易地通过"互联网+"获得马克思主义理论知识，使更多人接受并信仰马克思主义，从而提高马克思主义的影响力。运用"互联网+"传播方式传播马克思主义思想，受众可以从以往被动接受、没有信息反馈转变为自主选择、相互交流，传播者与受众之间互动更广泛、更直接、更深入。受众不再是单向地被动接收信息或观点，而是通过微博、微信等方式随时随地积极表达自我，做到任何时候、任何地点、对任何人进行互动传播。"互联网+"的运用也强化了不同主体间的互动性，不同的参与者都能够表现出自身的主体性。

（二）思想政治教育是建设社会主义精神文明的基础工程

思想政治教育是精神文明建设中一项基础性工作，是搞好"两个文明"建设的基本保证。这是对思想政治教育在社会主义精神文明建设中的地位和作用的科学说明。据此，可以认为，思想政治教育是社会主义精神文明建设的基础工程和中心环节。

第一，思想政治教育是社会主义精神文明建设的核心内容。社会主义精神文明建设包括思想道德建设和教育科学文化建设两个方面，两方面内容相互渗透、相互促进。思想道德建设是精神文明建设的核心内容，集中体现着精神文明建设的性质和方向。从这个意义上讲，没有思想道德建设，就没有社会主义精神文明。我国思想道德建设的首要任务是用马列主义和中国特色社会主义理论教育全体公民，不断提高公民的思想政治素质。思想道德建设的过程就是对人民群众进行思想政治教育的过程。

第二，思想政治教育是完成社会主义精神文明建设根本任务的基本途径。思想政治教育以培养人为己任，这一任务理所当然地成为思想政治教育的根本任务。坚持向广大人民群众进行思想政治教育，大力倡导社会主义核心价值体系，帮助人们树立以马克思主义为指导的世界观、人生观、价值观和建设中国特色社会主义的共同理想，形成以爱国主义为核心的民族精神和以改革创新为核心的时代精神，确立社会主义核心价值观等，就能较好地培养"四有"新人。可见，只有大力加强思想政治教育，才能为完成社会主义精神文明建设的根本任务创造条件，才能顺利完成这一历史任务。

第三，思想政治教育是保证教育科学文化建设的社会主义性质和方向的根本措施。教育科学文化建设自身并不能决定自己的性质和方向，只有通过教育科学文化各部门的党组织开展强有力的思想政治教育，才能保证党的路线、方针、政策的贯彻执行，从而实现党的思想政治领导，使教育科学文化建设保持社会主义性质和方向，更好地为社会主义现代化服务。例如，教育部门要通过加强思想政治教育，保证党的教育方针的贯彻执行，保证教育工作沿着社会主义方向前进；科学研究部门要通过加强思想政治教育，使科学研究为现代化建设服务；文艺部门要通过加强思想政治教育，保证文艺为人民服务，为社会主义事业服务；新闻出版部门要通过加强思想政治教育，生产更多、更健康的精神产品，引导人们积极向上，达到较高的精神境界。可见，加强思想政治教育是坚持教育科学文化建设的社会主义性质和方向的根本保证。事实上，由于教育科学文化建设的核心目标是培养适应社会主义现代化建设要求的"四有"新人，文化建设的方方面面最终都必须围绕着人来展开。教育有培养什么人的问题，科学和文学艺术有为什么人服务的问题，新闻出版、广播电视网络等有如何引导人的问题，而培养"四有"新人是思想政治教育的根本任务。因此，我国教育科学文化建设包含着思想政治教育，离不开思想政治教育的作用。教育科学文化建设既是我国思想政治教育的重要载体，也要靠思想政治教育保障其发展方向。

第四，"互联网+"背景下思想政治教育的工作必须要在精神文明建设目标的指导下才能得到具体的展开。当前我国精神文明建设的目标是：要树立一个建设中国特色社会主义的共同理想，坚持党的基本路线不动摇，完善人们的政治素养、法治观念与道德规范，丰富人们的精神文化生活，最终实现社会物质文明与精神文明的协调发展。在精神文明建设目标的指导下，我国当前的思想政治教育就需要加强马克思主义教育，加强思想道德素质教育，加强科学文化教育，最终为社会主义精神文明建设提供有力的精神支持。

（三）思想政治教育是建设中国特色社会主义任务的中心环节

早在新民主主义革命时期，掌握思想教育就是团结全党进行伟大政治斗争的中心环节。如果这个任务不解决，党的一切政治任务就无法完成。进入社会主义建设时期，政治工作便是一切经济工作的生命线。在社会经济制度发生根本变革的时期更是如此。进入社会主义现代化建设新时期，党中央进一步明确强调："思想政治工作是经济工作和其他一切工作的生命线。"可见，中国共产党一贯高度重视思想政治教育，不仅将其视为党和国家事业的重要组成部分，而且将其看作完成党和国家各项任务的中心环节，这是对新时期思想政治教育战略地位的高度概括。在21世纪，思想政治教育的这一地位更加突出。要把中国特色社会主义伟大事业推向前进，就必须坚持不懈、深入持久地对广大人民群众进行思想政治教育，为完成中国特色社会主义事业各项任务提供思想保证和精神动力。

中国特色社会主义事业包括政治、经济、文化、教育和科技等多方面内容，思想政治教育是其中一个不可缺少的重要部分，是推动中国特色社会主义建设的重要力量。从某种意义上讲，思想政治教育与中国特色社会主义事业的其他方面处于同等重要的地位，因为这些都是中国特色社会主义建设所需要的，都从特定方面推动着中国特色社会主义建设的发展。思想政治教育特殊的功能性地位表现为：它是通过直接作用于人的思想道德素质，通过提高人的积极性、主动性、创造性，使人们更好地参与社会各方面的活动而作用于中国特色社会主义建设的。这一功能性地位是思想政治教育所特有的，是中国特色社会主义事业的其他方面所不可替代的。从这个意义上说思想政治教育是完成中国特色社会主义各项任务的中心环节，因为任何一项工作都需要人去做，要做好工作，就需要提高人们的思想道德素质，提高人们认识世界和改造世界的能力，提高人们的工作积极性，否则各项工作不仅难以做好，而且有可能出现干扰中国特色社会主义建设的问题。思想政治教育必须与经济业务工作紧密结合起来，在做业务工作时，要加强思想政治教育，注意思想领先，充分发挥先进思想和革命精神在一定物质基础上的巨大能动作用；在开展思想政治教育时，也要将思想政治教育与业务工作结合一道去做。思想政治教育不能脱离经济、技术等业务工作而孤立地进行，否则就易陷入空头政治的境地；经济、技术等业务工作更不能脱离思想政治教育，否则就会迷失方向。只有做好思想政治教育工作，才能保证经济、技术事业沿着中国特色社会主义方向前进，才能真正调动广大干部群众的积极性、主动性和创造性，从而圆满完成中国特色社会主义事业的各项任务。

二、"互联网+"背景下思想政治教育的作用

（一）导航作用

思想政治教育的导航功能是由思想政治教育的目的性、方向性决定的。思想政治教育是一定阶级、集团为了实现自己的经济利益和政治统治而对人们施加的具有意识形态方面影响的社会活动，这就决定了思想政治教育总是带有方向性和目的性。因此，导航的功能便成了思想政治教育的基本功能，其导航功能主要有以下表现。

1. 对经济的导航

人类的社会生活有经济、政治、思想文化三大领域，经济领域是人类生存和发展的最基本领域。物质资料生产、分配、交换、消费等经济活动，国民经济各部门，工业经济、农业经济以及人们的经济生活等，究竟沿着社会主义方向发展，还是沿着资本主义方向发展，都是其自身无法决定的。

从历史唯物主义角度来看，经济决定政治和思想政治教育，政治是经济的集中体现，经济是第一性的，政治、思想政治教育是第二性的。但是，政治、思想政治教育一经产生和形成，又能动地反作用于经济，为经济服务，并确保经济关系、经济活动沿着实现本阶级经济利益的方向前进，从而对经济起着导航的作用。

不同的思想政治教育对经济起着不同的导航作用：先进阶级、集团的思想政治教育能够引导经济向前发展，促进社会的进步；落后腐朽的阶级、集团的思想政治教育，阻碍经济的向前发展，甚至导致经济倒退，使社会经济衰败乃至全面崩溃。就阶级性来看，各个阶级都意图通过思想政治教育把经济引导到对自己有利的航向上，以达到为本阶级利益服务的目的。例如，资产阶级的思想政治教育，是为了使经济始终沿着资本主义的轨道发展，以巩固生产资料的资本家私人占有；而社会主义的思想政治教育，则是要使经济沿着社会主义方向发展。如果社会主义的思想政治教育蜕变为资产阶级的思想政治教育，那么在思想政治教育的反作用下，就会使社会主义的经济航向转变成资本主义的经济航向，即出现资本主义经济的复辟。因此，思想政治教育在导航上起着极为重要的作用。

2. 对理想信念的导航

每个人都憧憬和追求自己的理想。理想是指人们对未来目标的追求和向往，是人们为之奋斗的目标。每个人也都有自己的信念。信念是指人们在一定认识基础上而确立的对某种理论、主张、见解、观点和理想等的坚信无疑，并身体力行为之奋斗的精神状态和确

定的看法。

崇高的理想和卑劣的理想、科学的信念和非科学的信念是不同思想政治教育的结果。正确的思想政治教育，能够帮助人们树立崇高的理想，确立科学的信念；错误的思想政治教育，能使人形成卑劣的理想，使人接受非科学的信念。例如，用马克思主义科学的理论教育人，就能使人们树立在21世纪实现我国社会主义现代化的共同理想，树立为实现共产主义而奋斗的崇高理想，确立社会主义和共产主义信念；如果用封建迷信思想去教育人，就能把人们引向深渊，甚至自我毁灭。因此，思想政治教育对人们的理想、信念起着方向性的指导作用，即起着导航的作用。

3. 对行为的导航

行为是指受人们思想支配而表现在外的活动，即人们的行动、动作和作为。人的行为是极其复杂的，有经济行为、政治行为、法律行为、道德行为、宗教行为和精神文化行为，还有生理行为、操作行为等。

在人的复杂行为中，有正确的行为，也有不正确的行为，还有无所谓正确和不正确的生理行为等。人的行为是受思想支配的，思想是行为的先导，行为是思想的反映。而人的思想又是复杂多样的，有正确的思想，也有错误的思想，不同的思想会产生不同的行为。

人的思想不是天生的，而是思想政治教育的结果。不同的思想政治教育会形成不同的思想，不同的思想又导致不同的行为。因此，思想政治教育对人们的行为最终起着导航作用。

人类实践经验的积淀，形成了人们的行为规范，包括政治、经济、道德和法律等行为规范。人们的行为规范又是千差万别的，有先进的、正确的，也有落后的、错误的，不同的行为规范会导致人们不同的行为。

人们的行为规范是在实践中总结出来的，通过思想政治教育把它们传播、灌输给人们，使人们内化为自己必须遵循的思想信念，并逐渐转化为其行为。然而，不同的思想政治教育会使人们按照不同行为规范活动。例如，若用先进的、正确的行为规范教育人，能使人们的行为向着正确方向前进，相反，则会使人们的行为沿着错误方向行进。因此，思想政治教育对人们按照何种行为规范行进起着导航作用。

4. 对思想道德和科学文化教育的导航

思想道德和科学文化教育是人类文明的结晶，是人类社会发展的精神生产，是人类社会长期发展的积淀。它们的性质归根结底是由社会的物质生产方式和社会经济基础决定的。同时，各个阶级都有自己的思想道德和科学文化教育。但是，思想道德和科学文化教育本身是没有方向的，它具有怎样的性质，属于哪个阶级，沿着哪个方向发展，都同社会的经济基础直接相关，也同思想政治教育密切相关，即用哪个阶级思想政治进行教育，关系到思想道德和科学文化教育的阶级性质和发展方向。事实上，任何阶级的思想道德和科学文化教育都是在一定的思想政治指导下进行的，而这些建设中又渗透着思想政治教育，思想政治教育成了这些建设的灵魂。也就是说，思想政治教育对思想道德和科学文化教育的发展起着导航的作用。如果用资产阶级的思想政治进行教育，那么，思想道德就会沿着资本主义方向航行，科学文化教育就会沦为服务资产阶级的工具，这时思想道德和科学文化教育就具有资产阶级的性质；如果以马克思主义，即用无产阶级的思想政治进行教育，就会使思想道德沿着社会主义方向发展，使科学文化教育为无产阶级服务，这时的思想道德和科学文化教育就具有无产阶级的性质。因此，无产阶级的思想政治教育能确保思想道德和科学文化教育沿着社会主义、共产主义的航向前进。

以上对思想政治教育的导航功能做了一些探讨，其实它的导航功能远不止这些，随着实践的发展，其导航功能会得到进一步丰富和发展。

（二）育人作用

思想政治教育是以人为对象的，是以塑造和培养人的思想政治品德为任务的。因此，育人功能是思想政治教育的基本功能。

人的思想政治品德的形成不是天生的，而是后天培养教育的结果。英国哲学家约翰·洛克说："我们的心灵是一张白纸，上面没有任何记号，没有任何观念，一切观念和记号都来自后天的经验。"人们的全部知识是建立在经验上面的，知识归根到底都来源于经验，洛克的看法是唯物主义的。婴儿落地，从母体中诞生出一个新的生命，他们的头脑中一片空白；随着新生命体的发育，家长教孩子说话、走路；到三四岁时，孩子开始有了自我意识，家长、幼儿园教师通过讲故事、教歌谣等方式向孩子灌输做好人、不做坏人的思想；此后，社会、家长、学校教师不断对青少年进行思想政治品德等方面的教育。这就是说，社会通过思想政治品德教育来培养和塑造青少年一代，在成长过程中，人一刻也离不开思想政治教育。

但是，不同的思想政治教育会培育和塑造不同类型、不同性质的人。在奴隶社会中，奴隶主阶级为了维护自己的经济地位和政治统治，开办各种学校，向青少年和整个社会灌输奴隶主阶级的政治思想，即灌输君臣、父子、等级、特权思想，培养效忠奴隶主阶级的接班人；在我国的封建社会中，封建地主阶级极力灌输"三纲五常""三从四德""君君，臣臣，父父，子子"和忠孝节义，以培养封建地主阶级的接班人和封建主义的奴才；在资本主义的社会中，资产阶级在"自由、平等、博爱"的口号下向人们竭力宣扬"金钱万能论"和利己主义的人生观、价值观，培养资产阶级接班人；在建立了生产资料公有制的社会主义社会中，无产阶级进行着"为人类幸福工作""为人民服务"的教育，培养造就无产阶级革命事业的接班人、社会主义的建设者和共产主义一代新人。

（三）调节作用

"互联网+"背景下思想政治教育的调节作用，是指通过民主、说服、调解、沟通、咨询和评价等多种方式，对人们心理、情绪、人际关系和利益等方面进行调节，从而达到提高人们思想觉悟、建立新型人际关系的目的，以促进和谐校园、和谐社会的建设。

事物总是在不断运动、变化和发展，人们的思想也是如此。人们思想的变化有两种可能性：一是向正确的、积极的、进步的方面变化；二是向错误的、消极的、落后的方面变化。这就要求"互联网+"背景下思想政治教育工作者必须及时了解人们思想的变化并及时加以调节：推进第一种变化，抑制第二种变化，并尽可能使第二种变化减少到最低程度。

调节需要通过一定的途径或手段。"互联网+"背景下思想政治教育调节的途径主要有以下方面。

1. 调适心理

人们的任何一种活动都伴随心理现象。人们的思想问题与心理因素紧密相关。例如，大学生中发生的自卑、抑郁、恐惧、焦虑、悲观、敏感、多疑、浮躁、厌世、偏执和逆反等心理问题，都与大学生的某些思想问题紧密相关。因此，教育部曾多次发文，要求高校在对大学生进行思想政治教育时，要及时了解大学生心理活动的规律和特点，开展好心理健康教育。适时运用心理调适方法（如心理咨询法、消极情绪调节法、身体锻炼调节法、角色换位法等），能够有效地解决大学生的思想问题，帮助大学生克服心理障碍，增进心理健康。

2. 调控情绪

情绪是人们心理的一个重要方面。人们尝试着对情绪进行调节和控制，是日常生活中常见的现象，也是日常生活中不可或缺的一部分。

大学阶段是人生的第二个"心理断乳期"，是一个非常关注自我、注重个性表达、情绪体验丰富、情绪波动起伏较大的时期。大学生的情绪可分为基本情绪和复合情绪，或者积极情绪和消极情绪。

大学生在学习、工作、生活中，经常会遇到这样或那样的矛盾、困难和挫折。例如，学习与勤工俭学的矛盾、学习与工作的矛盾、家庭矛盾、经济困难、恋爱挫折、学习挫折和人际关系冲突等，都可能会引发他们的消极情绪，这种消极情绪如果得不到缓解、消除，就可能给社会、给他人和自己带来不良的甚至是严重的后果。

"互联网+"背景下大学生思想政治教育要调控的就是大学生的消极情绪。对此，可以通过化解矛盾、疏通思想、分析原因、转移注意力、重定目标和体育锻炼等方法来使情绪得以稳定、宣泄、转移和升华，让情绪得到调控。

3. 调节人际关系

人际关系是指个体在与他人的交往中所形成的心理关系。人际关系应该建立在平等、尊重、互爱、互信、互助和协作的基础上。

"互联网+"背景下大学生思想政治教育对社会主义新型人际关系的建立，对大学生个体的学习、生活、工作、成长和群体的发展，都具有不可忽视的作用，主要表现在：

第一，能沟通人际联系，促进人际交往，增进相互理解，改变人际态度，调适人际关系；

第二，能化解双方矛盾，理顺双方关系，促进问题的解决。

大学生在所结成的人际关系中，有时会因这样或那样的问题发生矛盾、冲突。这些矛盾如果处理不好，就有可能被激化。"互联网+"背景下大学生思想政治教育的日常工作之一就是要做好这方面的调节处理，引导大学生与他人、与某些相关单位和部门化解矛盾，消除冲突，遵循人际关系的处理原则，为建设和谐寝室、和谐班级、和谐生活园区、和谐校园以及和谐社会发挥应有的作用。

第二节 "互联网+"背景下思想政治教育的任务及其重要性

一、"互联网+"背景下思想政治教育的任务

（一）"互联网+"背景下思想政治教育任务的确立

第一，培育"四有"新人是社会发展进步的客观要求。从总体上看，人类社会总是不

断发展进步，走向高度文明的。社会的高度文明，包括物质文明、政治文明和精神文明，在客观上都要求社会成员的思想道德素质和科学文化素质达到较高的水平，要求社会成员获得全面发展。思想政治教育致力于培养"四有"新人，既是社会主义文明建设的需要，又为社会发展到更高文明创造了条件，以满足社会不断发展进步的要求。

第二，培育"四有"新人是社会主义精神文明建设的内在要求。在建设社会主义物质文明和政治文明的同时，建设以马克思主义为指导的社会主义精神文明，是社会主义社会的重要特征。思想政治教育是社会主义精神文明建设的中心环节和基本形式，其根本任务、工作中心的确定必须与精神文明建设的根本任务相一致。思想政治教育要促进社会主义精神文明建设，充分发挥其在精神文明建设中的作用，首先就要致力于培养"四有"新人，因为社会主义新人是建设高度的社会主义精神文明的重要条件，也是精神文明建设的落脚点。同时，思想政治教育本身就是培养人的事业，理应把全面提高人的素质放到首要地位。可见，将培育"四有"新人作为思想政治教育的根本任务，既是建设高度的社会主义精神文明的需要，也体现了思想政治教育的本质，抓住了思想政治教育的中心。

第三，培育"四有"新人是发展市场经济，建设和谐社会，实现社会主义现代化的内在要求和首要条件。大力推进市场经济发展，建设社会主义和谐社会，加快现代化建设步伐，需要包括经济、政治、科技、资源、政策和法规等多方面的条件，而其中最重要的条件是要有一代新人。因为人是社会活动的主体，是发展市场经济，建设社会主义和谐社会的主体。在社会主义现代化进程中，人是一个基本的因素。只有全面提高社会成员的思想道德素质和科学文化素质，使人这一现代化建设的主体充满积极性、主动性、创造性，经济、政治等方面的条件才能得到充分利用，才能顺利完成从计划经济体制向社会主义市场经济体制的转轨，才能实现又好又快且可持续的经济发展，从而全面推进社会主义现代化。可见，人的因素在市场经济建设和整个社会现代化中处于举足轻重的地位。实践表明，不全面提高人的素质，不培养一代"四有"新人，市场经济的发展和各方面的现代化都会受到严重制约。只有培养出一代具有较高思想道德素质和科学文化素质的社会主义新人，才能顺利推进社会主义市场经济，满足社会主义现代化建设的需要。

（二）"互联网+"背景下思想政治教育任务的内容

1. 道德品质教育是基础

开展道德教育，要按照我国颁布的《新时代公民道德建设实施纲要》的指导思想、方针原则、主要内容进行。坚持以为人民服务为核心，以集体主义为原则，以爱祖国、爱人民、爱科学、爱劳动、爱社会主义为基本要求，以社会公德、职业道德、家庭美德、个人品德为着力点，始终保持公民道德教育的社会主义方向。

党的二十大报告提出要加强思想道德建设，"实施公民道德建设工程，弘扬中华传统美德，加强家庭家教家风建设，加强和改进未成年人思想道德建设，推动明大德、守公德、严私德，提高人民道德水准和文明素养"，将公民道德建设摆到了更加重要的位置，进一步为提升公民素质指明了方向。

2. 理想信念教育是核心

坚定社会主义理想信念，是思想建设的核心内容，是思想政治教育的根本任务。中国共产党人在革命战争年代已解决的"理想信念问题"，而随着改革开放的深化，市场经济体制的建立，各种经济成分、利益主体和社会生活方式日趋多样化，给人们包括党员的思想观念、行为方式带来了巨大影响。面对许多前所未有的新矛盾、新问题，一些人包括一些党员感到迷惘困惑，其实质都是缺乏明确而坚定的理想信念与价值标准。

3. 爱国主义教育是重点

爱国主义是中华民族的光荣传统，蕴涵着最为深厚的历史情感，是全国各族人民共同的精神支柱，鼓舞和激励着全国各族人民万众一心，团结奋斗。

爱国精神的培养是一个能动的过程，是受主体社会生活实践经验和认识能力的发展水平所制约的，有一个不断自我概括、内化和拓展的过程。爱国主义教育的任务，就是要以爱国心理为基础，对青少年进行系统的中国历史，特别是中国近现代史教育，帮助青少年从历史逻辑的高度，认识和把握中华民族发展的规律与趋势。同时，要站在面向世界的高度，对青少年进行中国化马克思主义理论教育，引导青少年认识中华民族的历史命运与中国化马克思主义理论的本质关联，从理论上升华朴素的爱国情感。只有这样，才能把感性的、分散的、不稳定的爱国心理，上升到理性的、集中的、坚定的爱国信念。因此，爱国主义是我国社会的精神主题，爱国主义教育是思想政治教育的重点。

4. 科学思维方式是补充

面对复杂多变的国际国内形势，在改革发展稳定任务艰巨繁重的新形势下，科学运用底线思维，牢牢把握发展的主动权，具有十分重要的现实意义。辩证思维、战略思维、历史思维、创新思维、法治思维、系统思维、底线思维等科学思维方式具有内在联系，构成一个有机整体，有利于增强工作的科学性、预见性、主动性和创造性，是广大党员、干部干事创业的有利思想武器。

用辩证思维抓根本，即坚持和运用辩证唯物主义和历史唯物主义，注重矛盾分析，抓住事物发展的主要矛盾和矛盾的主要方面，注重从事物的普遍联系和发展出发看问题，从纷繁复杂的事物表象中把握本质、掌握规律。

用战略思维把控全局，即从长远看当前、从全局看局部、从整体看部分。它致力于解决根本性、全局性、长远性问题，努力占据观察事物、分析问题的制高点，从总体上把握事物发展趋势和方向，进而增强战略定力和统筹协调能力。

用历史思维观大势，即坚持历史唯物主义基本原理，把事物置于过去、现在、未来的历史发展进程中进行思考，努力揭示事物发展的内在逻辑和规律性，吸取经验教训，以史为鉴、以史育人、以史资政。

用创新思维促发展，要求人们破除迷信、打破陈规，突破常规思维的局限，对事物做新思考、对结构做新调整、对工作做新谋划，力求以新的理念、方法和路径解决问题，打开新局面、开创新境界。

用法治思维求善治，即反对人治思维、特权思维，运用法律规范、法律原则、法律逻辑分析和处理我们党治国理政中面临的问题，积极推进法治国家、法治政府、法治社会建设。

用系统思维聚合力，即以系统论原理为指导，从系统和要素、要素和要素、系统和环境的相互联系、相互作用中把握事物、思考问题，处理好整体与部分、结构与功能的关系，凝聚改革发展的强大正能量。

用底线思维谋主动，就是对事物发展的诸多可能性进行预判，明确可以把控的空间或可能出现的最坏结果，科学设定最低目标，掌握发展的主动权，争取最好结果。

科学思维方式能够帮助人们转变观念，冲破旧的思维模式的束缚，培养和建立新的、现代化的科学思维方式。这也是思想政治教育的重要任务。

（三）"互联网+"背景下思想政治教育的基本要求

思想政治教育的根本任务为一定时期思想政治教育的主要任务以及具体任务指明了方向。在任何时候，思想政治教育的主要任务以及具体任务，都要有利于教育对象思想道德素质的全面提高。这是由思想政治教育的根本性质决定的，是思想政治教育任务的共性。因此，尽管完成不同层次任务的具体要求不同，但无论哪一层次任务的实施都必须遵循下列一般要求。

1. 构建社会主义的核心价值体系

党的十八大首次提出社会主义核心价值观的内容，其内容是要倡导富强、民主、文明、和谐，倡导自由、平等、公正、法治，倡导爱国、敬业、诚信、友善，积极培育和践行社会主义核心价值观。这与中国特色社会主义发展要求相契合，与中华优秀传统文化和人类文明优秀成果相承接，是我们党凝聚全党全社会价值共识做出的重要论断。富强、民主、文明、和谐是国家层面的价值目标，自由、平等、公正、法治是社会层面的价值取向，爱国、敬业、诚信、友善是公民个人层面的价值准则，这24个字是社会主义核心价值观的基本内容，以此构建的社会主义核心价值体系，为培育和践行社会主义核心价值观提供了基本遵循。

坚持用毛泽东思想、邓小平理论、"三个代表"重要思想、科学发展观、习近平新时代中国特色社会主义思想等马克思主义中国化的最新理论成果教育广大群众，同时要以培养担当民族复兴大任的时代新人为着眼点，强化教育引导、实践养成、制度保障，发挥社会主义核心价值观对国民教育、精神文明创建、精神文化产品创作生产传播的引领作用。社会主义核心价值观教育是新时代高校教育的重要组成部分。大学生正处在世界观、人生观、价值观形成和确立的重要时期，抓好这一时期的社会主义核心价值观教育非常重要。通过有效举措增强社会主义核心价值观教育的仪式感，有助于提升大学生对社会主义核心价值观的敬畏心和敬重感，促使其转化为大学生的情感认同和行为习惯。

2. 突出当今时代主旋律教育

爱国主义、集体主义和社会主义教育，是当今时代的主旋律，是当前思想政治教育的核心和重点内容。新时期思想政治教育应牢牢把握这一核心和重点，坚持用爱国主义、集体主义、社会主义思想培养"四有"新人。

突出主旋律教育，要帮助受教育者正确理解爱国主义、集体主义、社会主义的科学内涵及时代特征，并引导受教育者将其内化于心。爱国主义在社会发展的不同时期、不同阶段，有着不同的内容。中国特色社会主义进入新时代，必须大力弘扬爱国主义精神，把爱国主义教育贯穿国民教育和精神文明建设全过程。新时代加强爱国主义教育，对于振奋民族精神、凝聚全民族力量，决胜全面建成小康社会，夺取新时代中国特色社会主义伟大胜利，实现中华民族伟大复兴的中国梦，具有重大而深远的意义。集体主义是社会主义社会思想道德领域最基本的价值导向，其实质就是集体利益高于一切，全心全意为人民服务。集体主义一向是我国思想政治教育的核心内容，在新的历史条件下，思想政治教育仍然必须坚持对受教育者进行集体主义价值观教育不动摇。

社会主义是以生产资料公有制为基础的社会制度，其本质是解放生产力，发展生产力，消灭剥削，消除两极分化，最终达到共同富裕。进行社会主义教育，就是要帮助教育对象认识到，社会主义一定会代替资本主义，这是人类社会发展的必然趋势；只有社会主义才能救中国，只有社会主义才能发展中国。在市场经济条件下，应注意结合人们的思想实际，深入进行社会主义思想教育，帮助受教育者坚定社会主义信念，保证我国永远沿着社会主义道路前进。

爱国主义、集体主义、社会主义教育是三位一体、相互促进的。在进行主旋律教育时，一定要全局在胸，注意它们之间的紧密联系，既有所侧重，又使其相互补益、相互促进。只有这样，主旋律教育才能更好地发挥整体效应，如春雨润物般地渗透到受教育者的意识中，使爱国主义、集体主义、社会主义真正变成受教育者思想以及行动上的主旋律。

突出主旋律教育，要引导受教育者把爱国主义、集体主义、社会主义思想外化于行，积极投身到建设中国特色社会主义的伟大实践中。爱国主义、集体主义、社会主义三者统一的基础就是建设中国特色社会主义的实践。换言之，建设中国特色社会主义的实践，充分体现了爱国主义、集体主义、社会主义的有机统一。

第一，建设中国特色社会主义是新时期爱国主义的主题。把我国建设成为富强、民主、文明、和谐的社会主义现代化国家，集中反映了全体人民的根本利益和愿望，是新时期国家、民族前途的命脉之所系。因此，新时期爱国主义的基本内涵和最高主题就是建设中国特色社会主义，全面实现社会主义现代化。在今天，一切积极投身于现代化建设的劳动者，都是真正的爱国主义者。

第二，建设中国特色社会主义是集体主义精神的大发扬。建设中国特色社会主义是一项全民族的事业，是全国人民的共同责任。只有动员和调动一切力量，发挥广大人民群众的积极性，依靠全国人民集体奋斗，这一伟大事业才能成功。同时，在建设中国特色社会主义的进程中，必然会出现某些矛盾和困难，甚至某些利益关系失调，只有坚持集体主义价值导向，才能正确处理各种利益关系，化解种种矛盾，克服暂时困难，从而保证中国特色社会主义建设顺利进行。

第三，建设中国特色社会主义是一条符合中国国情的社会主义建设道路，它初步解决了在经济、文化比较落后的时期国家如何建设、巩固和发展社会主义的一系列基本问题，在理论和实践上都把社会主义事业向前推进了一大步。努力建设中国特色社会主义，就是坚持和发展社会主义。正是因为建设中国特色社会主义充分体现了爱国主义、集体主义、社会主义的有机统一，因而进行主旋律教育，最后的落脚点就是引导人们积极投身于这一伟大实践，在实践中继承和弘扬中华民族的爱国主义精神，坚持集体主义的价值导向，坚持社会主义信念，为实现社会主义现代化而努力奋斗。

综上所述，爱国主义、集体主义、社会主义是当前思想政治教育的主旋律。在建设中国特色社会主义进程中，坚持主旋律教育，就抓住了思想政治教育的核心，就能更好地用主旋律统一受教育者的思想，协调受教育者的行动，使受教育者积极投身于社会主义现代化的伟大实践，并在实践中逐步把自己培养成"四有"新人，从而更好地完成思想政治教育的各项任务。

3. 弘扬中华民族优秀的传统文化

思想政治教育是社会主义精神文明建设的基础性工作，是物质文明、政治文明和精神文明建设的基本保证，在教育过程中理所当然地要弘扬中华民族的优秀传统文化，这对完成思想政治教育的各项任务，全面提高受教育者的精神素质，具有极其重要的现实意义。

中华民族传统文化是中华民族发展史上不同时代文化的累积。作为过去时代精神的反映，传统文化自然有一定的历史局限性，有一些内容是失去了历史存在合理性的糟粕，应当剔除。但传统文化中也有许多内容超越了自己的时代而揭示出与人类总体或个体相关的一些永恒问题，这些内容是传统文化的精华，应予以继承和弘扬。

在思想政治教育中，弘扬优秀传统文化，无疑有助于教育对象形成崇高的理想，强烈的爱国主义、集体主义思想，为祖国繁荣昌盛努力奋斗的献身精神以及高尚的精神境界，有助于提高全民的思想道德素质。思想政治教育应努力"把马克思主义世界观的教育同中华民族的优秀传统文化教育结合起来"，充分发挥优秀传统文化的教育作用，促使一代"四有"新人健康成长。

二、"互联网+"背景下大学生思想政治教育的对象

所谓对象，是指观察、行动或思考时作为目标的客体。思想政治教育的对象，是指在教育活动中，教育者认识、教育、改造的对象，有广义与狭义的区分。广义的教育对象包括教育者与受教育者，教育者之所以成为教育的对象，是因为教育者必须先受教育，其在教育、改造别人的同时，也要接受别人的教育、改造以及进行自我教育和自我改造。狭义的教育对象就是指受教育者，即在思想政治教育实践活动中，在思想政治教育者的指导下接受、实践相应思想政治教育内容的人，是思想政治教育者有意识地对其施加影响，以期使其形成相应思想政治品德的对象。受教育者有集体和个人对象之分，集体的教育对象是相对个人教育对象而言的，它是由许多人结合起来的有组织的整体。比如，工厂的车间、学校的班级、军队的连队等，都是属于集体教育对象的范畴。思想政治教育所说的教育对象，是从广义的视角去进行研究的，即指一切人。但在具体的思想政治教育实践中，实践的主体是教育者，教育对象只能是受教育者，也就是说，要重点把受教育者的思想政治品

德作为认识和改造的对象。

"互联网+"背景下大学生思想政治教育的对象主要是大学生，能否对大学生有一个比较全面的认识，无疑是做好"互联网+"背景下大学生思想政治教育的前提和基础。

思想政治教育必须"承认各个人在成长过程中所表现出来的才能和品德的差异，并且按照这种差异给予区别对待"，努力做到因材施教。在"互联网+"背景下大学生思想政治教育中，首先要对这一特定的教育对象有一个正确的认识，如果对教育对象缺乏科学的认识，就难以把握好教育对象产生思想问题的原因和动机，也就难以做好"互联网+"背景下大学生思想政治教育。

首先，大学生是具有自然属性和社会属性的人，他们有各种需要。人的需要主要来自自然属性，即生理、心理的需要；但有些需要却来自社会属性，即社会的尊重和事业的成就。一般而言，人的需要大致可分为五个不同层次，即生理的需要、安全的需要、社交的需要、尊重的需要和自我实现的需要。前两种需要主要来自生理的需要，属于低层次的需要；后三种需要来自社会性的需要，属于高层次的需要。人要尊重高层次的需要，相应地"互联网+"背景下大学生思想政治教育就应该充分尊重大学生的权利，平等相待。教育者必须充分尊重受教育者的人格。如果教育者居高临下，自视高人一等，不能把受教育者看作与自己完全平等的一员，而是以权力压人，以大道理训人，以尖刻的语言伤人，其结果不但不能取得入耳、入脑、入心和解决思想问题的实效，而且会增加对立情绪，使矛盾激化。要把尊重人、理解人、关心人、帮助人，作为"互联网+"背景下大学生思想政治教育必须遵循的一个基本指导原则。只有平等地对待学生，理解每个学生的具体处境和个性，尊重他们的不同性格、爱好和兴趣，以诚相待、以理服人、以情感人，正确引导而不是压制，"互联网+"背景下大学生思想政治教育才能真正收到实效。其次，大学生是一群亟待发展的人。每个大学生都是可造就的，"互联网+"背景下大学生思想政治教育应充分认识大学生身上的潜能和不足，更要帮助他们解决成长道路上所遇到的实际问题，促进其进步和发展。最后，大学生是"互联网+"背景下大学生思想政治教育的主体，教育者应树立学生是教育主体的观点，相信学生内在的主体能力，改变教育教学方法；要认真把握大学生主体能力的多种表现形式，为学生构建广阔的活动空间；要努力完善学生的主体结构，进一步探索学生主体活动的规律。

总之，"互联网+"背景下大学生思想政治教育必须树立科学的理念，即尊重学生、理解学生、关心学生、帮助学生的科学教育理念。"互联网+"背景下大学生思想政治教育的一切都是为了学生：为了教育学生，为了服务学生，为了学生的健康成长。这里所说的学生，指的是所有大学生。

三、"互联网+"背景下大学生思想政治教育的重要性

"互联网+"时代的到来,确实给人们的学习和生活带来了翻天覆地的变化,其对大学生思想政治教育的影响主要表现在以下两个方面:一方面,高校网络思想政治教育是学校教育管理的重要组成部分。现代思想政治教育更加注重实效性,随着社会和信息科技的发展,思想政治教育工作也在与时俱进,与信息网络时代接轨。高校进行思想政治教育建设要让新兴技术手段与传统思想政治教育的精髓有机结合,以信息技术为手段,采用科学、高效、合理的教育和管理策略,不断推动大学生思想政治教育工作的进行。另一方面,新时期高校网络思想政治教育对于大学生成长而言具有十分深远的意义。大学生正处于人生各种价值观、社会观、科学观树立的重要时期,社会经验尚不成熟,大学生思想政治教育需要具有针对性,瞄准大学生性格特点进行管理和教育,使大学生可以正确地去面对虚拟网络世界,并对网络上的信息拥有分析判断的能力,不过多受网络世界的干扰。"互联网+"环境对于大学生自主意识、自我认知水平等方面素养的培养应该是大学生思想政治教育的核心目标,通过对大学生的引导和培养,提高其民主和法律意识,从而保障大学生健康成长。

第三节 "互联网+"背景下大学生思想政治教育的发展

一、"互联网+"背景下大学生思想政治教育的定位

关于大学生思想政治教育的定位与取向,可以根据思想政治教育在大学生教育培养过程中的地位和作用进行认识,只有确定了大学生思想政治教育的定位与取向,才能实现大学生思想政治教育效果的最优化。

(一)大学生思想政治教育的战略定位

1. 确立大学生思想政治教育战略地位的背景

一是实施人才强国战略的需要。大学生思想政治教育的认真开展,能够树立大学生的自强意识、创新意识、成才意识、创业意识,进而激发大学生精神潜能,因此,必须把大

学生思想政治教育放在战略的高度。

二是加强和改进大学生思想政治教育的需要。随着经济全球化和社会信息化的发展，大学生思想政治教育领域扩大、因素增多、功能拓展、复杂性加大，需要教育者面向世界、面向社会、面向未来，研究和解决经济、科技、社会快速发展所带来的一系列新问题，把握新形势下人才成长的特点与规律。

三是稳固党的政治领导根本地位的需要。我党是一个追求民主、崇尚实践、充满活力的党，思想政治建设一直是党工作的重中之重，历来受到党的重视。

2. 确立大学生思想政治教育战略地位的意义

在"互联网+"背景下，把大学生培养成为什么样的人是至关重要的问题，从这样的大局出发，大学生思想政治教育的战略地位得以确立。这一地位的确立具有以下意义：

一是有利于应对国内外现实形势的挑战。高校在开放条件下，已经成为各种思潮汇集和文化较量的前沿。适时把大学生思想政治教育放在战略高度，能够更好地应对国际形势的新变化，增强民族凝聚力与竞争力。

二是有利于确保社会主义事业长治久安。在社会复杂多变的情况下，大学生的成长状况既受到社会广泛关注，也牵动着无数家长的心。高校将思想政治教育放在首位，为学生的身心健康发展创造良好的条件和环境，人民群众和广大家长就会感到放心和满意。

三是有利于促进大学生的全面发展。在高校学习阶段，大学生由于处在成长的关键时刻，在确定发展方向、选择价值取向时，难免产生困惑、遇到矛盾，有的甚至出现信仰缺失、情感迷乱和心灵空虚等问题，势必影响大学生的全面发展与未来前途。将思想政治教育放在战略地位，既有利于增强高校各类人员育人的责任感，也有利于帮助大学生顺利度过大学这一关键时期，促进他们全面发展。

（二）大学生思想政治教育的目标定位

目标定位的实质是"培养什么人"的问题，导向定位是指在人才培养中，各方面教育的总体取向问题。这两个问题是互相关联的。

目标定位，为思想政治教育明确了人才培养的规格问题，也为广大教育工作者明确了工作的导向，因此，必须重视大学生思想政治教育的目标定位。根据社会发展和学生全面发展的需要，提出"育人为本"的目标定位。育人为本，即将人才培养作为高校的根本任务，坚持一切着眼于调动学生的内在积极性，坚持一切为了学生的成长和成才。

做好高校意识形态工作，要尊重差异、包容多样，坚持社会主义核心价值体系，用社会主义核心价值体系引领社会思潮。具体讲要做好以下五项工作：加强马克思主义理论学习教育，创新意识形态工作话语体系，创新思想政治工作方式，创新高校新闻宣传方式，创新高校网络思想政治教育。

对于德育创新的推进，要深刻认识和掌握德育工作规律。探索高校德育规律，需要深刻总结高校德育经验。

二、"互联网+"背景下大学生思想政治教育的使命

在21世纪社会、经济发展的新背景下，高校大学生思想政治教育要不断适应新的发展形势，探索富有中国特色的大学生思想政治教育理论与方法。

（一）市场体制与经济全球化

市场体制和经济全球化联系在一起促进了当代社会的发展，其中市场体制以其自主、竞争、效益机制来推进经济全球化进程，而经济全球化则不断扩展市场体制的范围和完善市场体制规范。

一是从市场体制和经济全球化对大学生思想政治教育的影响来看，市场体制为大学生思想政治教育提出新课题。自改革开放以来，我国的经济、社会充满活力与生机，但也伴随着一些问题，造成社会主体与个体在利益获取与自身发展上的矛盾甚至冲突。

二是市场体制与经济全球化背景下的主旋律教育。市场体制和经济全球化发展，为我国社会发展与人的发展提供了机遇，开辟了广阔的发展领域，激发了无限的发展活力，展现了美好的发展前景。但是，我们也要冷静地认识到，经济体制、经济结构、经济方式的变化，必然会引起人们在思想观念、价值取向上的深刻变化。而高校作为科技、文化发展的前沿阵地，直接面临着发达资本主义国家经济、科技的挑战。发达资本主义国家经济扩张的结果，不仅拉大了国内资本家与劳工的贫富差距，也拉大了发达国家与发展中国家的贫富差距。

为此，在进行大学生思想政治教育时，要善于把我国改革开放的丰硕成果转化为思想政治教育资源，坚持进行以爱国主义为核心的民族精神教育和以改革创新为核心的时代精神的主旋律教育。

在市场体制与经济全球化进程中，把主旋律教育作为大学生思想政治教育的重点，不仅是我国社会的客观要求，也是大学生成长成才的内在需要。这是因为我国是一个多民族大国，民族之间、地区之间的经济、文化差距比较明显；我国由计划经济体制转化为市场

经济体制，由过去相对封闭到融入经济全球化大潮，伴随复杂的改革、开放过程；从我国的文化传统来看，增强民族凝聚力，坚持爱国主义，是我国发展力量的源泉与文化优势。

（二）科技发展与社会信息化

随着现代科学技术的迅猛发展，特别是计算机的广泛运用，有效开发利用信息资源，使人类进入了社会信息化阶段。对大学生思想政治教育来说，科技发展和社会信息化的影响主要有以下两点：

一是社会信息化积极推动了大学生思想政治教育的发展，主要表现是科学技术使思想政治教育更加现代化和科学化。社会信息化为大学生思想政治教育效果的提升创造了新的条件。

二是科技发展与社会信息化条件下的人本教育。随着现代科学技术的发展及其对当代社会生产和生活的影响不断扩大，以科技为本的价值取向首先在西方发达国家开始显现。在高校，思想政治教育坚持人本主导，坚持育人为本、德育为先的根本原则，坚持德、智、体、美、劳全面发展的培养目标。坚持德育为先和思想政治教育首位，就是坚持人本主导，帮助学生确立正确的政治、道德、职业、生活目标，形成理想信念，引导他们遵循正确的法制、道德规范，养成良好行为习惯。

第三章
"互联网+"背景下大学生思想政治教育网络环境的变革

第一节 网络环境对思想政治教育的影响

一、网络环境对思想政治教育的积极影响

（一）有利于坚定大学生的政治立场

当代大学生的信息大多都是来源于网络。大学生思想政治教育是对大学生的思想行为进行指导，网络思想政治教育即通过网络这个重要阵地来对大学生进行思想和行为上的指导、引导、培养大学生形成良好的思想政治素质，从而达到育人的目的。

互联网是个信息极为丰富的百科全书式的世界，在其中，当然有好的积极向上的信息。互联网可以同时覆盖遍布全球的用户。目前，我国所有高等院校都已建立了自己的局域网，大学生在图书馆、开放实验室，甚至在宿舍里都能够上网学习、交流和娱乐。海量、丰富的网络信息使大学生拥有更多选择接受信息、获取知识、交流沟通的机会。而传统思想教育方式的落后，导致教育效果甚微。但是通过网络，大学生可以接触到积极向上的信息。

（二）网络思想政治教育具有独特优势

与传统思想政治教育相比，网络思想政治教育具有很大的优势。传统的思想政治教育模式往往是单纯的说教，教学形式简单，感染力不强，教学效果不佳。而思想政治教育网络化，形式更为生动、感染力更大、渗透力更强，集声音、图像、文字于一体，有利于大

学生思想政治教育突破时空局限，扩展思想政治教育的时效。高校可以利用网络的优势，这也是大学生乐于接受的方式，把正确的世界观、人生观、价值观和正确的处世方式、行为标准、成才途径传授给大学生，与其进行更为生动的沟通，效果会更好。

处于青春期的大学生会遇到一些心理问题，尤其是关于学业、爱情等。面对面的方式对于心理问题的解决往往不是最好的选择，而借助网络可以设置心理问题咨询中心、服务热线等栏目，使得大学生可以有一个私密的倾诉窗口，使得大学生能够解开心结，从而实现教育的目的。

（三）实现大学生思想政治教育主体互动

在网络环境下，思想政治教育运用现代化数字技术，在充分利用网络技术、多媒体技术和现代传播技术手段的基础上，对大学生进行思想政治教育。它通过相关网络建设和思想政治教育信息的制作、传播和控制，实现用正确、丰富、生动的网络信息潜移默化地影响大学生的政治观念、道德意识，使大学生形成符合中国特色社会主义社会所需要的思想政治品德。

在传统思想政治教育工作方式方法下（集中课堂讲授、辅导员个别谈心、集体讲座等），大学生是被动地接受，他们掌握的信息量是有限的。而在网络化环境下，教师的权威被消解，学生的主体地位得到加强，传统的教师主体教学模式弱化，取而代之的是"双主体"的教学模式，教师与学生的地位是平等的，也就是网络化带来了教师与学生的充分互动，大学生得以在民主、宽松、自由的和谐环境中接受思想政治教育。所以，网络思想政治教育的交互性，有助于打破教育者与被教育者的固定地位，变被动式教育为主动式教育，从而提高思想政治教育的实际效果。

需要注意的是，在网络思想政治教育过程中，在教师与学生交互模式框架下，仍然需要遵循主动灌输和互动交流相结合的方法。主动灌输是德育工作的优势，互动交流需要遵循主动灌输的方向性，主动灌输要考虑互动交流的可行性。在互联网上，教育者与被教育者都是网络的主体，教育者是网络传播中的管理者、把关人，教育者不是面对面直接说教，而是提供影响、选择和引导。具体在教育过程中，教师应该充分了解大学生在网络中的语言表现方式，要以网民熟悉的语言加入他们的谈话行列，在谈话中进行平等交流，让学生在不知不觉中受到教育，从而解决思想和心理上的一些问题。同时，互动交流可以重塑德育工作者的形象，根据不同的对象制订不同的教育内容，提高思想教育内容的亲切感，使教育更加人性化，以达到最佳的教育效果。

二、网络环境对思想政治教育的消极影响

（一）模糊了思想政治教育的主客体关系

在网络上，学生的"主体强化"与教师的"主体弱化"是一体两面的。学生在网络上自由独立的主体性不断塑造新的主客体关系，而教师作为教育者的角色并没有改变。网络中的主客体关系是交互性主客体关系，是一个不断建构的动态结构，呈现出模糊化、相对化和地位的平等化特征。

在网络环境中，思想政治教育受体存在不确定性，教育环境和教育活动本身具有一定的虚拟性。学生可以抛弃不必要的社会约束，按照自己的意愿接受或批评教育者传递的教育信息。因此，尽管思想政治教育活动实施者的身份和组织有可能确定，但对于教育对象的认识及其范围的界定则很难明确，教育者和受教育者形成"一对多""实对虚"的关系，这种在虚拟状态下形成的主客体关系具有很强的不稳定性和模糊性。

网络的特性使网络上的主客体关系呈现交互性特征。客体在信息选择上是完全自由和自主的。在复杂的网络中，思想政治教育活动可以随时随地发生，使主客体关系呈现相对性。一方面，在网络中，教师与学生具有对象性关系；另一方面，教师与学生不是固定不变的主体与客体，教师接受来自学生的教育信息，并进行外化，就由主体变为客体；学生对教育信息进行加工，并进行信息传播，其角色就由客体转变成主体。

网络的这些特征说明传统的主体与客体观念已经有所转变，网络思想政治教育必须要适应这一转变，与时俱进。

（二）使得校园舆论不易控制

在之前信息相对闭锁的空间，外来信息较少能够进入，空间的局面比较稳定。传统意义上学校的舆论宣传主要靠报纸、广播等渠道，学生接收的信息是正面的、积极的，只要运用简单的"信息过滤"等行政手段，就可以有效调控信息和舆论环境。而在网络环境下，信息的传递都是自由的，海量的信息蜂拥而来，个体和团体可以相对自由地、随意地在网络上发布和传播信息，当然也是自由地选择和接受信息。青年大学生心智尚不成熟，缺少完善的是非判别能力，很容易受到不良信息的侵蚀。同辈群体对青年影响较大，同辈文化极易形成，当一些消极的价值观弥漫开来的时候，校园舆论很容易偏离正轨，并难以控制。

(三) 冲击传统的思想政治教育观念

"教师主体"的观念受到冲击。在网络时代到来之前，教师被公认为教育过程中的主体，由于他们所拥有的知识和技能都比学生多得多，因而处于主动地位，起着主导的作用；而学生由于其思想行为与一定社会要求之间存在差距，在知识、信息的掌握上处于劣势，故在教育活动中处于被动的地位，是教育过程中的客体。进入网络时代，学生通过网络可以获得大量的思想道德教育的信息，从而导致教师的信息优势逐渐淡化，甚至有可能处于信息劣势的境地。特别是当网络成为大学生思想政治教育的载体时，它所具有的交互性特点更使教师的主体地位受到冲击。与此同时，作为大学生思想政治教育中最为常用的灌输法也面临着挑战。因为这种方法是以教师具有较高的威信和绝对的信息权威为前提的。因此，长期以来使用的教育方法在今天来看未必行之有效，需要教师进行改进和创新。

面对这种挑战，学生思想教育工作有的已经或正在从以灌输为主转变为以启发、参与为主。从信息传播的角度讲，我们也应从以灌输正面信息为主转变为引导学生分析、判断、选择信息为主，即由"灌输信息"转变为引导"判断选择"。当今是信息爆炸的时代，呈现在我们面前的是变幻莫测的世界。对青年学生来说，重要的是学习能力和鉴别能力的培养，要从纷繁复杂的信息中选择正确信息，并对其进行加工，转化为自己的认识，只有具备这种分析、判断、选择能力的学生才有可能成为国家建设的中坚力量。否则，尽管在学校里学习了不少课程、积累了不少知识，但是，如果不具备分析、判断、鉴别能力，一旦进入社会，就不知道怎样建构起新的信息框架，容易误入歧途甚至被时代淘汰。

第二节 大学生网络思想政治教育的实践分析

一、大学生网络政治教育

(一) 形成正确的政治信仰

思想政治教育的核心问题是要解决人们在思想层次上举什么旗、走什么路的问题。在网络环境下，由于大众传媒的因素，思想政治教育面临着极大的挑战。网络已经超出了地域和语言的差异，信息内容的庞杂，传播信息的可怕速度，都使得网络上的内容非常不易监控。在这种条件下，如若不对网络思想政治教育内容进行及时有效的调整，就无法应对当前的挑战。要实现调整的有效性，思想政治教育者就必须切实研究思想政治教育的规律和网络信息传播的特点，实现思想政治教育与网络的有效结合。

在业余时间，大学生积极关注网络，了解网络发展的各种动态，浏览各种各样的网络信息，因此从思想政治教育者的角度出发，要实现了解、知情并监控网络的目的，就必须从网络的特点入手，采取一定的措施强化思想政治教育。从网络发展的现状来看，网络的特点主要表现为以下几个方面：第一，具有开放性、公平性，每一个参与到网络中的主体都可以随意传播网络信息；第二，具有隐蔽性和虚拟性，网络信息是随意散发的，其真实的目的则是隐藏的；第三，传播速度快，不易监控，网络上的信息是世界各地网民同时传播的，实现对这些信息的完全控制几乎是不可能的。根据网络信息传播的这些特点，学校思想政治教育工作者应该采取相应的措施实现对网络信息的监控。首先，要及时监控网络信息的传播，并采用一定的技术手段从源头上阻拦负面信息的传播，如运用计算机技术实现网络信息的过滤；其次，要加强正面思想政治教育信息的传播，主动占领网络阵地，如建设专门的思想政治教育网站，在网络上利用文字、图像、声音这种多媒体的方式实现网络思想政治教育信息的传播，以此提高大学生思想政治教育的实效性。

（二）提高网络政治教育工作的感召力

高校网络政治教育的内容相对枯燥，因此要充分利用多媒体技术，巧妙地进行文字、图像和声音的穿插，把思想政治教育内容的思想性和文字的艺术性结合起来，提高思想政治教育工作的感召力。如果网络上的思想政治教育内容仍然不改变过去的枯燥乏味的特点，在多样性的网络上要吸引学生的注意力将会变得十分困难；如能运用具有艺术性的文字，把思想政治教育的内容与文字的艺术性紧密结合起来，吸引大学生在享受美文的过程中，展开丰富的联想，感受思想政治教育深邃的思想内容，就会达到事半功倍的效果。

第一，把在实践中具有一定积极意义的故事穿插到思想政治教育的内容中，如领袖的故事、教师自己的故事、同学的故事，利用故事引领思想政治教育的内容。

第二，用网络图书作为网页的主要内容，尽量采用多种语言文字，实现宣传我们思想政治教育文化的目的，使国外的朋友切实了解我国大学校园的文化以及大学生的生活。

第三，实现网络教育的人性化。古人云："感人心者，莫先于情。"教育的内容对于个体来说通常都是机械和死板的，没有考虑到个人的具体情况。因此要适当地把针对各个大学生特殊情况的内容加入思想政治教育之中，并辅之以相对应的情感内容，由此沟通思想政治教育内容与个人之间的联系，实现思想政治教育的亲情化与个性化。而实现亲情化与个性化的思想政治教育，必须要依靠一定的人际沟通办法，把网络教育与人际沟通有机结合起来，提高思想政治教育的实效性，即让大学生认识到正确的政治信仰对学习和生活的重要性，什么样的理想信念才是科学的、正确的，以及如何树立正确的政治信仰观。

（三）在网络上加强"两课"教育

"两课"指马克思主义理论课和思想政治教育课。思想政治理论课作为学校思想道德教育的主载体、主渠道，其作用是其他任何学科所不能替代的。

高校思想政治理论课是中国特色社会主义事业的重要组成部分，是对大学生系统进行马克思主义理论教育的主渠道和主阵地，在培养中国特色社会主义现代化建设事业的合格人才和社会主义事业接班人方面发挥着积极的作用。通过"两课"教育，大学生能够树立正确的政治观和爱国主义的情感，进而树立社会主义的理想信念。因为科学社会主义的理想信念，不是一种教义，也不是一种盲目崇拜，而是一种深刻的理性思考。因此，加强大学生理想信念教育，必须立足于对人类世界的发生、发展和变化方面的科学认识上，着重激发和引导大学生对人民群众的历史命运和社会发展走势进行理性思考。

第一，网络思想政治教育课程。这种课程是在 Web 技术的指导下，运用先进的教育思想、教学理论与学习理论，融合了交互性、共享性、开放性、协作性和自主性等基本特征。网络思想政治教育课程可以实现计算机网络技术的充分运用，利用网络多媒体、网站、网络文件传输工具、网络即时性教学传输等多种课程开发方式，实现思想政治理论课程的网络化。在网络思想政治教育课程的网站上同样可以开发与实际教学过程相似的教学计划、教学大纲、电子教案、导学材料、辅导课件、案例分析、作业与练习等材料，建立相应的网络教学管理与教学评价制度。

第二，"在线交流"课程。所谓"在线交流"过程，是以计算机技术为基础，把处于不同地方的教师和学生连接在网络中进行教学。"在线交流"的沟通方式是多维的，可以是 E-mail、视频网络会议等。这些形式都赋予了学生自我表达的权利，师生可以平等展开讨论和交流。由于没有上课时间的限制，教师可以针对学生的问题逐一地进行指导，开展形式多样的网上教学活动。

（四）提高教师的思想政治素质

高校教师是网络思想政治教育的主体。高校无论是在传统教育还是在网络教育上，教育的主导力量都是教师。在网络教育方面，教师不仅要通过网络向大学生做思想政治教育工作，还要坚定大学生的理想信念，培养思想政治合格的高素质人才。思想政治教育的基本结构之中，无论是大学生思想政治教育指导思想的摸索、制定和贯彻，还是信息系统的建立、维护和改善，都离不开一支既有较高政治理论水平、掌握网络技术又具备较高的网络管理才能和信息时代思维方式的工作队伍，这是推进网络思想政治教育的关键。

二、大学生网络道德教育

（一）提升大学生的网络道德责任意识

网络道德建设的关键是网民自身道德素养的提高。由于网上的信息鱼龙混杂、难以分辨，网络思想政治教育对象尤其是青少年的思想、观点很容易受不良信息左右，从而带来消极的影响。因此，要加强网络道德宣传和教育，引导网民树立正确的网络伦理道德观念，提高网民对不良网络信息的识别力和免疫力，净化网络环境。我们可以通过网络宣传，引导学生具体的网络行为，强调大学生的网络道德责任意识。例如，防止学生沉迷于网络聊天和网络游戏，引导其有节制地使用网络；不利用网络攻击他人邮箱和网站，不做危害他人和国家利益的事；不在网上发布垃圾信息，污染网络环境；不浏览和传播淫秽物品；不在网上从事剽窃他人学术论文等侵权活动；不随便相信甚至附和网上的过激言论、虚假信息和反动信息等。使学生在具体的网络行为中增强自律意识，使他们在活动中受到潜移默化的网络自律教育。

（二）加强大学生网络礼仪教育

网络礼仪是一个组合名词，"网络"顾名思义是指一种环境，而所谓"礼"，是由一定社会的道德观念和风俗习惯形成的，大家共同遵守的礼节；"仪"是指人的容貌、举止，它包含了仪容、仪表、仪态和仪式等多种意思。"礼"和"仪"既相互联系，又有所区别："礼"是内在的，是人们对自己、对他人的尊重、敬意的态度；而"仪"是外在的，通过一定的形式、程序、动作等表现出来的"礼"。礼仪作为中华民族文化的重要内容之一，有着悠久的历史。在五千年的历史演变过程中，逐渐形成了一套完整的礼仪修养和礼仪规范，其精髓深入人心，内化为中华民族的自觉意识并贯穿于行为之中。

礼仪通过评价、劝阻、疏导、示范等教育形式，纠正人们不正确的行为习惯，倡导人们按礼仪规范的要求去活动。遵循礼仪规范的人，客观上对其他人具有榜样示范的作用，使人们在实际交往活动中，耳濡目染，见贤思齐。礼仪可促进人际关系的沟通和人们的社会交往，改善人们的相互关系。现代社会人际交往日益增多，人们通过社交来调节生活、建立友谊、交流感情、融洽关系、增长知识、扩展信息。礼仪约束着人们的态度和动机，规范着人们的行为方式，协调着人与人之间的关系，维护着正常的社会秩序，在社会交往中发挥着巨大的作用。礼仪是推动社会进步、发展社会主义精神文明建设的一种有效形式。它是从精神文明建设的角度出发，通过仪表、举止和讲究礼貌、礼节来提高人的素养，使人们有理想、有道德、有文化、守纪律。

（三）建立网络监控体系

网络法律规范和道德规范能否被真正贯彻执行，还要依靠对网络内容和行为的有效监控来保证。因此，必须建立有效的网络监控体系，监督和限制有碍于网络思想政治教育的不健康内容，清除网络中的反动信息、黄色信息等不良信息；合理监控网民的网络行为，通过监控分析，及时发现网民中存在的思想问题，并及时建立一套比较完备的网络监控体系。首先需建立一批有吸引力的思想政治教育网站。建设良好的网络教育环境，拥有一批高质量的宣传网站非常重要，它对拓宽教育空间、延伸教育时间、扩大教育覆盖面、进行有效的网络监控都能起到积极作用。其次，设立网络信息管理的常设机构，加强对网络思想政治教育环境建设的统一领导和管理。

（四）提高大学生的道德判断力

传统的道德教育在本质上是一种"教会顺从"的教育，受教育者要无条件地吸纳和认同既定的道德价值、道德规范和道德理想，因而，也谈不上对大学生进行选择、判断与辨别能力的培养。但是，随着网络社会的到来，过去那种信息匮乏的时代一去不复返了，青年大学生一下子有了很多选择的机会和可能性，这本身是一件好事，但选择的时代无疑需要具备一定的选择能力，才能走出迷惘。

1. 重在培养学生的选择能力

青年大学生的世界观、人生观、价值观尚未成熟，抵御力较差。在面对网络上海量的信息时，一些学生会产生选择困难，因此，选择能力的培养很重要。浩如烟海的网络信息一方面为学生发展提供了取之不尽的资源,另一方面给学生造成了强大的"信息压力"和"信息选择"的困难。"信息压力"主要指学生面对网络信息的激增和变化,感受的是相互比较的直接和竞争的强烈,觉得发展太快、信息太多、应对太累,压力太大;反映在心理层面,就是"心躁",即急躁、浮躁、焦躁、烦躁。这种心理特征表明学生的内心充满着矛盾。同时,在信息的评价与选择上,由于存在着价值多元、多样和多变的社会背景,评价与选择的主观认定与客观参照借助信息必定互换更替,这就是在网络领域经常涌起的信息新潮、浪潮甚至狂潮。不断地更替评价与选择标准,一方面有利于期望值的攀升,产生激发作用;另一方面也会使人无从选定,犹豫不决。因此,教会大学生如何正确选择,是高校德育在网络环境下所面临的一项新的课题。只有将它解决好,网络资源才会对大学生的发展产生正面的、积极的影响。

2. 培养大学生良好的上网行为习惯

网络社会所要求的道德是一种以慎独为特征的自律化的道德,是一种社会化要求最高的道德,是一种世界性的社会公德。也就是说,传统社会中服从低层次上的道德在网络社会中往往失效;只有上升到道德习惯和道德信念高层次上的道德,才能有效地规范个体网络行为。所以,加强网络道德教育重在培养大学生的网络道德品质,或称为网络德性,形成良好的上网习惯。

网德的内容包括:爱国、守法、明礼、诚信、节制、正义、无伤、私密、责任和义务等十大主要网络德性。养成良好的上网习惯,既包括良好的上网心理习惯,也包括良好的上网行为习惯。良好的上网心理习惯主要是指良好的上网心理需要、动机、兴趣、信念、理想和网络观。良好的心理习惯贯穿于包括认知、情感和意志过程在内的整个网络心理活动过程。大学生要自觉形成良好的上网动机,满足自己积极的人生发展需要,实现理想的人生目标。良好的行为习惯,主要是指大学生上网时间、频率及各种安排应当遵循合理的规律,并做到行为文明:既乐于上网,又有所约束和节制;既满足心理的需要,也要保持充沛的精力和体力;既充分地发挥个性尽情娱乐,也要体现大学生较高的文明层次。高校应针对目前网络道德存在的主要问题,制定合理的、操作性较强的网络道德规范,如明辨真伪不轻信、保持真诚不撒谎、履行责任不妄言、遵守协议不侵权、提高警惕不放任、拒绝诱惑不沉溺等。形成良好的网络行为习惯是网络道德教育的归宿和根本目标。

三、大学生网络心理教育

（一）加强网络心理指导

网络心理指导是教育者通过互联网对受教育者进行心理素质培养，解决心理问题，提高其心理健康水平的专业性教育手段和措施的统称。在此概念之中，网络被视为心理指导的一种工具或媒介。相对于现实的心理健康教育，网络心理健康指导具有以下特点。

1. 开放共享性

互联网的完全开放性，使网上心理健康教育的内容和指导对象不受任何限制。网络心理健康教育的内容还可以被无限次地反复使用，可以节省大量的人力资源，有效地缓解了目前高校普遍存在的专业心理师资缺乏的问题。

2. 平等交互性

互联网实现了教育者和受教育者的平等，教师和学生完全打破了身份和地位的限制，在心理健康教育活动中更能体现出大学生的主体性和参与性。互联网所带来的全新的人机互动模式，可以使学生和教师、学生和学生之间就有关心理问题展开对话和交流。一旦大学生有关心理问题在网上求助，众多网友都可能会帮助他出谋划策，这种集思广益的心理援助不但有利于大学生之间进行同辈心理辅导，进行自我教育，而且有利于问题的及时解决和心理的成熟。

3. 广范兼容性

互联网对信息的保存能力是海量的，信息表现形式图文并茂并且生动活泼，因此在网络上可以同时为心理困惑者、心理问题者、心理障碍者，甚至是有心理疾病的人提供及时而有效的帮助。学生无论身处何处，都可以在网络中找到其感兴趣的内容。

4. 虚拟隐秘性

在互联网中大学生可以扮演任何一种虚拟角色，其身份地位等线索完全可以屏蔽在网络交流之后。因而，互联网能完全消除人们在接受面对面心理教育时产生的种种顾虑，使任何人都能够通过网络真正毫无顾忌地倾诉自己的隐私，暴露自己的问题。心理健康教育工作者就能够在此基础上，在尽可能短的时间内掌握当事人的基本情况，并做出切合实际的引导和处理。

（二）充实大学生心理健康教育的内容

近年来，一些大学生不正确地使用网络资源和过度迷恋网络游戏等现象，严重危害了这些大学生的身心健康和素质发展，目前在大学生中较为普遍存在着诸如情感冷漠、信息焦虑和自我认同混乱等心理障碍和疾病。因此，在网络环境下，高校应不断充实心理健康教育的内容，以满足大学生的迫切需求。

1. 网络人际交往方面的心理教育和引导

在网络时代，网络可以给我们的生活带来很多便利，比如利用网络平台，我们可以即时传送文字、图像甚至声音、视频，还可以网上购物，支付生活账单等。网络为青年大学生的人际交往提供了一个多媒体化、互动性的立体途径和平台。

由于学习和就业压力以及青年大学生自身一些压力的存在，同时由于有些学校的课外活动不丰富，大学生们很难通过课外集体活动排解压力，找到自我认同和集体归属感。此时，网络就好像是一座排解压力和焦虑的天桥，为他们提供了很好的疏通途径，很多大学生都喜欢网上交友，跟陌生人聊天倾诉心事，寻求慰藉。但由于一些大学生网民自控能力不强，过度地迷恋于网络世界中，刻意逃避或者疏远现实人际交往，不乐意去参加现实社会中实实在在的交往活动，有的学生甚至还患上了"网络孤独症"。此外，长时间的网络交往，脱离现实，容易造成人际情感逐渐萎缩和淡化，使人趋向于社会分隔化和个人孤立化，导致大学生人际关系的疏淡，人际交往能力的下降。因此，学校思想政治教育工作者应该重视和加强对大学生进行网络人际交往的心理教育，要通过心理健康教育使大学生明白过度上网会疏远自己与家人、朋友、邻居、社区等的关系，会产生很多矛盾，不利于自己长远的成长和成才，要引导青年大学生树立起正确的人际交往观念，促进自身的健康成长与发展。

2. 网恋心理教育

网恋在目前社会来说，较为普遍，并且发生网恋行为的人群涵盖多个年龄段。现在年轻人当中发生网恋已经屡见不鲜了。研究发现，有网恋行为的大学生进行网恋的主要目的是"寻找精神慰藉"和"好玩"。网络恋爱其实是一种畸形的不健康爱情观。热衷或者沉迷于网恋给一些青年大学生网民的学习和生活造成了较为严重的负面影响，并由此引发了一系列的社会问题。大学生思想政治教育工作者必须对大学生网民进行网恋心理教育和引导。高校要对大学生网民进行正确的恋爱和婚姻观的教育，应通过这种正面教育和引导使大学生网民正确地认识网恋及其可能造成的危害，树立正确的恋爱观并在现实中能够正确地处理恋爱与学习的关系。

3. 网络消费教育

大学生网民的消费行为受到网络营销宣传和自身消费意识支配，使其相比于传统消费行为发生了很大的变化。在大学生看来，把更多的时间和钱花在上网上不仅是一种时尚，而且是一种学习和休闲。网络消费的多变和丰富充满诱惑力，促使许多大学生省吃俭用，将有限的生活费用节省下来去上网、去网购、去游戏。

网络的发展正在改变着大学生网民群体的消费结构。随着网络在大学生中的普及和升温，在大学生的日常消费结构中，网络消费所占的比例越来越大。网络急剧发展催生并且带动了大学生网络消费行为，这种行为的积极性可以从其消费的文化性、知识性等方面得到体现，其消极之处也可以从主体消费结构（金钱和时间）单极扩大和网络行为迷恋及其造成的社会后果等方面得到显现。因此，引导好大学生建立合理的消费结构就成为网络时代的一个重要课题。

（三）培养学生健康的网络心理素养

大学生心理的不成熟和不健康是构成其网络中行为失范的一个重要因素。大量个案表明，许多网络上瘾的大学生或网络信息污染的始作俑者和沉迷者，往往都性格孤僻，缺乏理想，缺少责任感，甚至出现各种各样的网络心理问题，如网络伪装心理、畸形网恋、网络成瘾综合症、网络依赖型人格障碍等。因此，网络环境下的高校德育要关心大学生的网络心理健康，通过开展网络心理健康教育和咨询辅导工作，使大学生克服不良的网络心态和心理疾患，提高心理预防能力，提高大学生网络素养。

1. 增强大学生的自我保护意识

对于网络上的负面信息，大学生应该主动去防御，具有自我保护的意识。面对网络的诸多诱惑，需要大学生建立自我保护机制，做到上网有"节"，上网有"度"。此外，学校应加强大学生的网络安全意识教育，培养他们的自我保护意识和能力。

（1）提高学生对网络的认知。网络带给人们的是超负荷的信息。从心理活动的规律看，当外界输入的信息超过人的正常负荷后，信息便容易对人的心理造成压力和混乱，使人难以进行深层思考和判断，出现认知障碍。在全球信息化的背景下，西方敌对势力把网络作为其意识形态渗透的强大工具，无时无刻不在进行着对我国青少年的"西化"。宣传西方资产阶级的社会文化、价值标准、生活方式等的内容，很容易诱发大学生的思想混乱乃至价值观的偏移。高校要加强对大学生的网络知识教育，培养大学生的爱国情感，向大学生灌输我国主流价值观，自觉抵御西方腐朽思想的侵袭。

（2）提高学生对网络"虚拟社会"的警惕性。学生大都喜欢上网聊天，进入聊天室后就与自认为是志同道合的朋友大聊特聊，平时不敢暴露的内心世界在这里可以无所顾忌，甚至庆幸自己找到了知己，于是留下真实的姓名、地址、电话。殊不知可能面临泄露隐私的风险，给不法分子可乘之机。

2. 锻炼学生自我控制的能力

网络社会需要学生具有较强的自我控制力，既要学会充分地利用网络，又不能沉溺于网络。如果过分沉溺于网络空间，长期在网上冲浪，就会渐渐失去自我，改变个性。青年人的自制力较差一些，特别是学习生活较轻松、自由支配时间较多的大学生更易深陷其中。网络信息诱惑对于追求新颖好奇、自主性不强的青年大学生来说，具有比较明显的表现，如有的学生追逐网上新潮奇异，有的学生迷恋智能竞技，有的学生热衷于网上谈情说爱，有的学生沉迷于黄色信息的感官刺激，等等。面对网上的种种诱惑，要想不为所动，就需要学生具备较强的抗诱惑能力和自我控制能力。

大学生要控制自我的网络行为，应该从以下几个方面做起：一是要理智地控制上网时间和次数，不长时间泡网；二是对网上经常出现的色情图片信息，应洁身自好，千万不要掉入色情陷阱；三是网上交际不能代替现实中的社交活动，因此必须调整身心，纠正错位的思维定势，并在此基础上处理好各种人际关系，保持与周围人员的正常交往；四是不要把上网作为逃避现实生活问题或者排遣消极情绪的工具，借网消愁愁更愁；五是上网之前先定目标，并且给自己限定上网时间。学生上网应该有较强的目的性和时间观念，无论是为了获取信息还是休闲娱乐，都应该有节有度。不要因为上网影响了正常的学习、工作和生活。要清楚地认识到网络始终只是我们生活的一部分，而不是生活的全部。

3. 培育学生健全的人格

开展网络心理教育，目的就是要培养和健全学生的网络人格。学生健全的网络人格是指具有健全的网络心理生活的人格，能够在网络环境中保持清醒的认识和理性思维，正确认识网络世界、正确看待网上世界与现实世界的差距；能够正确处理网上与网下的人际关系，正确对待虚拟空间和现实空间的区别；能在发生心理冲突时做出合理的判断和选择，采取理智的应对方式；能在网上生活中有效地进行自我管理，学会进行自我心理调适。只有具备良好的自我意识和健全人格的网络主体，才有可能成为适应网络和现实社会的人。

四、大学生网络安全教育

大学生的网络安全教育是针对网络对大学生的身心危害而言的。沉迷于网络的大学生往往心理不健康，长此以往，大学生的身体素质也欠佳。网络安全教育关系到学生的身心健康，是网络思想政治教育的必要内容之一，只有通过网络安全教育，正确引导学生网络行为，才能确保网络思想政治教育的顺利开展。加强大学生的网络安全教育，从以下几方面着手。

（一）加强网络安全监管

青年大学生自身情绪较为激烈，好奇心强，求知欲强，接受新事物能力强，但心智还未完全成熟，还未清楚地认识到网络世界中的负面，头脑中几乎没有网络安全防范意识，网络自律水平很低，难以自觉抵御网络不良信息。这是极其危险的。因此，高校加强大学生的网络安全教育非常重要。

除了提高大学生的网络安全意识教育外，高校还需要营造安全的网络环境。政府要联合通讯部门、网络运营商、内容提供商等，加大监管力度，借助技术和法律手段，共同营造一个尽可能纯净的网络环境。

（二）培养学生信息素养

学生有效应对网络上各种不良信息的侵蚀，重要的一条就是自身有强大的网络防御能力和自我保护能力，如网络安全能力。网络安全技能是学习者在网络中进行自我保护的能力，快速发展的网络安全技术能从不同角度来保证网络信息不受侵犯。要想提高网络安全能力，高校就要努力提高学生在这些方面的网络安全技能和信息素养，使学生能在网络信息中搜索有用信息，选择正确信息为己所用；要熟悉相关防病毒软件和工具软件的应用，不断积累网络安全问题的解决经验，并注重培养独立解决网络安全问题的能力。网络安全技能对于学生的成长非常重要，是网络时代大学生思想政治教育必须重视的问题。

（三）强化自主约束意识

网络安全教育和网络技术教育属于外在手段，技术监管手段虽然能起到一定作用，但并非万能的，还需要从更多方面努力，尽量减少网络对学生的危害。除了外在手段外，还要从大学生自身做起。因此，加强网络文化建设，强化学生的自主约束意识是另一项重要措施。高校要从转变观念、准确定位、规范引导几方面入手全面建设网络文化，积极应对网络时代挑战，并要把网络文化建设作为校园文化的亮点和新的增长点。要充分利用网络的优势，主动出击，扬长避短，赢得校园网络文化的健康发展，同时学生个人必须明确其在保护网络安全中扮演的角色和担负的责任，真正强化学生的自主约束意识。

五、大学生网络服务与管理

大学生思想政治教育要遵循"三贴近"原则，即贴近生活、贴近实际、贴近学生。大学生思想政治教育工作不能脱离学生的实际，思想政治工作要与经济工作、实际生活结合起来。所以，高校开展网络思想政治教育，就是要将学生的服务工作和管理工作网络化，要对学生进行人性化的服务和管理，只有完善网上事务管理与服务，才能使学生乐于接受网络教育，进而潜移默化地接受正确思想的引导。

对大学生进行网络管理与服务，要从以下几方面着手。

（一）开展网上班级建设

大学生活具有极高的自由性。特别是在学分制选课、住宿后勤社会化管理之后，大学班级中的成员相互联系的较少，凝聚力有一定的下降。基于此，高校应充分利用网络普及面广、信息获取自由、互动性强的优势，开展网上班级建设，利用网上班级平台发布信息，可以使信息准确及时地传递到每个学生，保证班级工作展开。辅导员可以利用网上班级的论坛、群组，促进学生之间、师生之间的交流，及时了解学生思想动态，有针对性地开展工作。

（二）设立管理服务信箱

网站建设要为学生提供全方位、立体式服务，形成教育学生、引导学生、服务学生的立交桥，以做好服务为切入点，提高凝聚力。高校可以在网站上设立校长信箱，收集学生对教学、宿舍、教室、食堂、图书馆等涉及学生学习、生活、成长等方面的意见和建议，及时准确地把握学生的思想动态，扩大反馈的范围，信箱设有专人管理，在解答学生网上问题时，坚持问题解答的全面性、有效性、科学性，回复语言尽量贴近学生心理，回复问题时要结合学生生活、学习的需求，真诚地送上鼓励和祝福的话语，将人文精神和人文关怀通过网络传递给学生。

（三）开展在线服务

高校要充分新媒介技术开展在线交流，与学生积极进行沟通，多开展一些融思想性、知识性、趣味性、服务性于一体的网络文化活动。高校要利用好网络这个平台，开展好对大学生的心理咨询与辅导工作，要在网上建立"三级"心理咨询机构。对于家庭困难的大学生，高校要在校园网上及时发布勤工助学的信息；对于大四学生，要在校园网上建立毕业生就业指导栏目，及时介绍有关就业需求信息，为学生的应聘、择业提供更多的方便和机会。

高校要通过良好科学的网络管理与服务，形成良好的校风、学风，使网络思想政治教育取得事半功倍的效果。

六、开展网络党建活动

网络对大学生思想政治教育产生了深刻影响，涉及大学生的学习、生活和身心发展等方方面面。高校党建活动应该能够应对网络时代的到来，如何在网络环境下加强党建活动，是高校党建工作的重要议题。

（一）网络党建的含义

以互联网为核心的信息网络技术从 20 世纪 70 年代开始，随着技术发展的越加完善成熟，已经在事实上对既有的现存世界进行了重构。一个有别于传统工业社会的信息网络社会已经初露端倪，并正以不可阻挡之势加速发展。在以互联网为代表的信息网络技术迅猛发展的历史新条件下，国家与公民社会之间的经常性张力会持续引发政治对立。现存政治结构与自上而下或自下而上的社会运动之间的联动关系正在形成，就像电子民主与借助互联网力量的底层动员的发展，使得公民参与的传统形式充满活力。

因此，网络党建并不仅是信息网络技术对政党建设在技术层面上的简单反映，而是在信息网络技术强力构筑的新的社会关系及结构重组中的理念认识和组织功能的"再适应"。所谓网络党建，即是指在信息网络时代政党对自身价值和功能的重新思考与定位，通过对政党政治理念的更新、组织结构的重组，实现政党的价值重塑——政党内部关系的民主化和政党社会关系的民主化，提升政党在变动不定的新的社会的战略适应能力。

（二）高校网络党建的内容

1. 系统建设

一是高校党支部党内组织信息管理系统。通过对系统内"党组织基本情况""党员个人基本情况""党组织换届情况""预备党员转正情况""基层党组织负责人手机号码"等规定项目的信息录入，实现各级党组织的信息数字化。

二是学生党员电子身份认证系统。电子身份认证的目的是实现党员个体的网络身份认证，方式是制作配发具有读写功能的 IC 芯片的党员网络身份证。电子身份认证能够方便党员组织关系的自动接转和实时的动态网络管理。

三是高校党务动态管理网络系统。通过这一系统，可以实现党员组织关系实时"网上转移"功能、党内实时统计功能、党务工作实时提示功能、党内实时动员功能等，为有效解决党员流动的管理问题提出了新思路、新对策。

2. 平台建设

一是信息发布平台。主要是及时公布党内重大信息，使各级党组织、党员能迅速接收和了解党内情况；同时，及时发布反映各级党组织、党员在党的建设方面的有益探索，增进党员、党组织之间的交流。

二是理论宣传平台。高校党委要以互联网为平台，大力加强党的创新理论成果的宣传教育，使互联网成为党的思想舆论阵地，引领学生党员的思想导向。

三是在线学习平台。高校通过打造在线学习平台，建立远程教育体系，开展网上党校活动，使学生党员能够方便、迅捷地接受党的组织培训。

四是党群交流平台。高校通过构建党群交流平台，如"网络论坛""网络邮箱""网络微博"等形式，可以使党内群众的意见和想法得到反映。

五是党务活动平台。高校可以利用网络开展党务活动，这是推进网络党建实践中的一个重要举措。其中，以"网上党支部"最为典型。所谓"网上党支部"，就是借助网络技术这个平台，为实现党组织建设的目标而创建的基层党组织，它是党的建设在虚拟世界中的一种拓展和延伸，也是党的组织设置的一种创新性实践。

3. 网站建设

党建网站是开展网络党建的重要平台和主要实现形式。高校要充分利用好网络这个重要阵地，注重校园党建网建设，使党建网站人性化、便捷化、前沿化，这也凸显了主题教育功能和互动交流功能。在主题教育功能方面，高校要深入传达、贯彻党中央的方针路线和本级党委的各项精神，通过专题设置的形式强化对大学生党员的主题教育。在互动交流功能方面，注重增强党建网站的互动功能，重视党建网站的沟通交流。高校通过在网上开设党务咨询、党代表网上提议、阳光信箱等互动栏目，以网上问答、讨论、献策等形式，加强与大学生党员的网上交流，提高网站的互动性。

（三）高校网络党建的特点

网络对大学生的学习生活产生了一定的正面影响，它拓展了大学生获取知识和信息的空间，开阔了他们的视野。但同时网络也给大学生们带来了很大的负面影响，许多不健康的信息、价值观念正在悄悄渗透进大学生的头脑中，这对大学生的世界观、人生观、价值观的进一步发展和完善产生着不利的影响。

对于大学生党员来说，他们有着更加敏锐的政治性，对于国家的大政方针、民生热点等很是关注。对于网络上的不良信息，大学生党员一般能够明辨是非，有着坚定的马克思主义的立场。高校党建工作要利用好网络平台，开辟党性教育网络基地，一方面通过网络教育党员和入党积极分子；另一方面使学生党员、入党积极分子、普通同学在网上有一个交流的地方，对于网络时代的党建工作研究必将是一个有益的探索。

网络本身所具有的平等性、开放性、共享性等优势，使得高校网络党建工作有着自己的特点。

1. 实时性与正确性相统一

在网络环境下，新闻的时效性更加凸显，更新的速度越来越快。一些网站为了新闻的点击量，一味地追求速度，不顾事实真相，相互转抄，缺乏严格的新闻调查，也存在由于单纯追求内容的面面俱到而缺乏自己的态度的情况。作为高校党建相关的网页或网站，必须跟上时代发展的步伐，新闻报道中既要有新内容，又要紧密贴合大学生的实际。以党建内容为核心的高校校园网站则必须针对各种突发事件有正确的看法，既要反应迅速，又要与党中央保持高度一致，做到观点正确，内容翔实，经得起时间的考验。

2. 虚拟性与实践性的统一

网络具有虚拟性，这对高校党建工作产生很大的影响。

第一，网络中充斥着许多来源不明的消息，需要保证有关高校党建内容的真实性。

第二，传统的党建工作方式方法已经形成了一套体系，其工作思路是针对现实可见的工作人员而言的，而网络化党建工作则不能照搬这一套做法。

第三，网络上的理论教育、时事讨论、聊天等活动体现了一种迅速便捷的党员生活方式，但是也会产生党员同志缺乏面对面的交流、支部活动务虚多于务实等问题，这会产生形式主义的问题。这个问题的解决要求我们努力做到网上网下充分互动，做足网下文章。即根据网络党建工作中存在的热点问题，结合已经比较成熟的传统党建工作思路，找准切入点，掌握大学生思想动态，在网下开展丰富多彩的活动的同时把网上的教育、交流模式作为一种有益的补充，从而实现高校网络党建虚拟性和实践性的有机统一。

3. 时代性与先进性相统一

互联网本来就是时代的产物，互联网上的内容都是最新的，它的流行气息和时代感使其在广大用户中的地位越来越受到重视，起到不可替代的作用。任何阶层、任何年龄段、任何职业、任何文化背景的人都可以在互联网中找到自己喜欢的内容，一些刻意迎合广大受众心理的不良内容也混杂其中，找到自己的市场。这些不良信息对大学生会产生负面影响。

高校网络党建既要保持时代性，更要保持先进性，这要求党建网站的内容既要与学生的日常学习生活贴近，能够以时代感很强的事实、观点、理论影响大学生、吸引大学生，又要保证代表先进文化的前进方向，对大学生产生积极向上的引导作用。简而言之，网络党建，应该立足现在，面向未来，在与时代接轨的同时要具有先进性和前瞻性。

4. 开放性与保密性相统一

网络是一个虚拟世界，与传统媒体相比，具有前所未有的开放性，任何人都可以在网络上发布信息、接受信息、结交朋友。随着网络技术的发展，网络的"安全性"越来越受到挑战。网络安全成为一个重大课题。党支部成员的网上交流、群众向党组织汇报问题和思想、反映事件和人物，这些需要严格保密的程序，如果在网上进行，其保密工作有待加强。

5. 交互性与主动性相统一

在网络中，高校党建工作者与大学生党员的交互性发挥良好。大学生网络党建面向的不仅仅是大学生党员，同时还有入党积极分子和普通学生，在提供交互服务的同时我们应该做好及时正确的指导，对用户发言的准确性和正确性进行判断，对过于偏激的思想与论点进行纠正和引导。大学生党员的主动性的发挥是高校网络党建工作取得成效的一个重要因素。

（四）高校网络党建工作的实践

1. 建设网络平台

高校可以在校园网上创设红色板块，或者单独建立一个红色网站。事实上很多高校都是这么做的。在红色板块上，要按照"积极向上、丰富多彩"的原则，在保持一定的理论性的同时，融入大学生喜闻乐见的"时事探讨""身边小事""我的观点"等栏目，以吸引更多的同学，同时提高网页更新频率，使新闻的时效性得到进一步增强。在网络平台建设过程中，学校要加大资金投入，不断发展和完善校园网络硬件设施的装备，让老师与学生都有时间和精力在网上开展一系列的活动。

2. 开辟创新党建阵地

高校可以先选择一个学生党支部作为试点，成立"党建进网络"工作小组，负责建设支部特色网页。党支部网页内容以党史知识、理论论坛、组织发展、支部动态等为主，密切结合时事国情和当前大学生关心的热点问题，开展讨论，吸引学生党员和其他同学上网浏览并参与讨论。

在试点经验和成果的基础上，高校可以在全校推广建立其他各个支部的网页。各支部网页开辟特色主页，结合国情时事"党史回顾""理论经纬""党性锻炼""组织发展"等栏目，并适时组织"新闻论坛""时事评论"等网上主题活动，增强网页的吸引力，增加点击率。

3. 建设数字化图书馆

党建资料是党建活动的物质支撑。建立数字化图书馆为实现网上理论教育和资源共享提供了便利。党建理论方面的数字化图书馆不仅可以提供党的理论方面的文献资料，还可以指导学习者利用理论解决实际问题。

4. 公开院系党支部信箱

在网络化时代，电子邮件成为人们主要的书面交流方式。方便、快捷的电子邮件模式受到了大学生的青睐，它的匿名性也满足了一部分学生的要求，达到了自由、平等交流的目的。尤其是涉及个人隐私等问题时，电子邮件是一种不可多得的交流工具。

高校党支部要开通网上免费电子信箱。电子信箱除了作为支部成员之间的联系纽带外，还对全体学生和教师公开，收集群众对党员、预备党员、入党积极分子等的意见以及对党支部开展活动、党性锻炼的建议；同时负责对学生提出的意见和建议及时整理并向党组织汇报，解答他们提出的有关理论学习、业务学习、工作生活等方面的问题。这一方式成为网下收集学生意见方式的有益补充，加强了学生对学校的监督作用，也加强了学生党员的自律性。同时，指导老师利用电子信箱与学生党员、入党积极分子开展交流，及时解决他们存在的疑惑。

5. 实现跨越时空联系

网络信息传递是超速度的。高校党支部要利用好网络传递重要信息，抓好对入党积极分子和党员的教育和再教育工作，党支部积极利用电子信箱、网上免费空间，收集和发布有益信息，面向全体学生宣传党的基础理论知识；成立网上理论学习辅导小组，作为高级党校和中初级党校上课培训方式的补充，已经收到了良好的效果。

介绍人可以和入党积极分子通过网络聊天和电子邮件的方式定期在网上交流对时事的观点，了解其思想动态，帮助其解决学习、思想、工作、生活等各个方面存在的问题，鼓励他们努力在各个方面提高自身素质，积极向党组织靠拢。这种方式普遍受到大家的欢迎，是一种行之有效的工作方式。

6. 丰富网上党组织生活

几乎所有大学生都把网络聊天作为与他人沟通的一种交流方式，在网络中，每个人可以自由地发布言论，可以瞬时得到回复，非常迅速。高校党支部要利用好网络聊天室进行组织生活，网上组织生活使每个人的发言机会大大提高，同时由于网络聊天不是面对面的交谈，可以避免有些学生在众人面前由于心理紧张发言不得要领、不能够表达自己的真实想法等现象。最重要的是网上的聊天记录可以直接作为很好的会议记录，节约了人力、物力。

但是，网络党组织生活的方式目前还存在一些缺点，如不能确定发言者的身份等。此外，校园上网的硬件设施不够完善，也使这一形式的组织生活受到了一定的限制。

第三节　高校网络思想政治教育的变革

一、高校网络思想政治教育中的"人机互动"

新时代，计算机信息技术在高校网络思想政治教育中的普遍应用，打破了传统思想政治教育的局限，同时也给高校网络思想政治教育带来了新的挑战。在新形势、新背景下，教育者和受教育者两大主体形成了"教育者—机—受教育者"或者"受教育者—机—教育者"的双向互动模式，而"人机互动"将有效促进思想政治教育的发展与进步。因此，应该提出相应的措施来构建和谐的"人机关系"，促进高校网络思想政治教育的发展。

（一）网络"人机互动"的概况

"人机互动"作为一个整体性的概念，目前主要运用于人机工程学、机器人学、现代生物工程学和计算机科学等领域，表达的是人与机相互作用的理论、方式和技术。计算机技术逐渐进步与发展，关于"人机互动"的研究也备受人们关注。"人机互动"不仅仅在专业领域被人们知晓，在人们的日常生活中，也因计算机、互联网、自媒体的普遍使用和社会形势的变革而家喻户晓，如2008年微软公司创始人比尔·盖茨预测未来5年人机互动方式将发生重大变革，现有的鼠标和键盘将被更为直观和自然的技术所取代，在当时这一权威预测使人们对"人机互动"的前景更为乐观，为此在相关领域也投入了更多的研究。事实也证明，经过多年的技术更迭，现今的"人机互动"确实更为直观和自然。显然，"人机互动"是作为一个技术命题而普遍存在于人们生活中的，但事实上，"人机互动"不仅是一个技术命题，更是一个哲学命题，还是一个对人的生存和发展具有重要意义的基础性哲学命题，它是人类生存和发展的基础，也是人类社会建构的前提，还应成为人类思辨的触角触及的领地。

（二）高校网络思想政治教育中"人机互动"面临的挑战

1. "资讯无屏障"，增加选择困难度

在高速发展的信息时代，网络紧密介入人们的生活，它将大量的信息汇聚在一起，取之不尽，用之不竭。但是各种信息的汇集，增加了大学生选择的困难性：一是网络信息的海量性。随着时代的发展，人们的欲望和需求逐渐增加，网络系统为了满足人们的多种需求，将人们可能会寻找的相关信息尽可能地全部罗列出来，系统本身却不能对大学生所需的信息进行更加合适的筛选。二是网络世界的开放性。网络是人们进行交流和沟通的重要平台，人们可以随意发表言论、交流看法，而网络中不可避免存在一些粗俗、低级的信息，导致大学生在使用网络时不能快速筛选出合适、精确的信息。而且大多数大学生对信息的真假无法准确分辨，致使有些时候选择了假信息，这将给大学生接下来的学习和工作带来很大的影响。

2."空间无屏障",加大传播诱导性

新时代,网络信息的传播渠道十分广泛,不同地区、不同意识形态、不同年龄、不同职业、不同阅历的人可以同时在线匿名交流,使网上的交往环境变得相当复杂,对高校网络思想政治教育的影响也很大。一是网络传播开放共享。网络信息丰富多彩,其中也存在许多低俗、落后甚至反动的信息。大学生的价值观还不成熟,不健康的信息会对大学生的身心发展产生极大的负面影响。二是网络谣言力量强大。网络世界千变万化,功能强大,一些别有用心的人通过捏造假图片、假视频等来传播谣言,以此来发泄自身的负面情绪或达到娱乐众人的目的,然而这些网络谣言极易引起社会混乱。网络传播的信息量过于庞大,大学生辨别能力不足,致使很多大学生难以摆脱网络谣言的影响,受其蒙蔽,有的甚至走向极端,这对高校网络思想政治教育来说无疑是一种挑战。

3."区域无屏障",加强西方渗透性

思想政治教育是指社会或社会群体用一定的思想观念、政治观念、道德规范对其成员施加有目的、有计划、有组织的影响,使他们形成符合一定社会、一定阶级所需要的思想品德的社会实践活动。随着网络在全球范围内的互联互通,网络成为某些西方国家进行意识形态渗透的主要方式。一是利用"微产品"进行信息渗透。近年来,西方国家利用自媒体传播信息,打开了"西化""分化"主流意识形态的突破口。同时,利用网络宣传非马克思主义与反马克思主义思想,企图瓦解社会主义意识形态。二是利用"微产品"进行文化渗透。例如,美国电影、电视等广泛传播,尤其是好莱坞影片颇有影响,传播着西方国家的文化及人权、民主等价值观念。大学生在使用网络时,其意识形态会潜移默化地受到影响,不利于社会主义核心价值观的传播和思想政治教育实效性的发挥。

(三)高校网络思想政治教育中"人机互动"的价值建构

1.塑造大学生正确的价值观念,构建"标准"人机关系

当前大学生的价值观主要存在缺乏远大理想、轻视道德培养、索取意识增强、渴望名利等问题,因此要通过"人机互动"加强对大学生价值观的塑造。

首先,要树立崇高理想。高校网络思想政治教育应充分利用人机关联,给大学生传播正能量且"精准滴灌",使其逐渐树立崇高理想。其次,注重理论知识的学习。要指导大学生合理使用网络资源,网络资源可以引导大学生进行自我教育,处理好国家、集体和个人的关系。教师可以通过网络授课、知识点补充等,让大学生在上网的过程中自发接受教育,不断扎实理论功底。最后,要塑造健全的人格。健全的人格是实现人生价值,培养正

确的价值观念的前提。要正确引导大学生利用网络资源，将思想道德修养与大学生身心发展相结合，使其积极适应新的环境，培养健康的心理素质，发挥主体性，并体现在生活的点点滴滴中，努力塑造健全的人格。

2. 培育大学生高尚的道德观念，构建"文明"人机关系

面对多元社会思潮和文化的影响，大学生的德育观念发生了很大变化。大学生的德育教育对其人生观、价值观的形成是必要的指引，因此加强大学生的德育教育很是关键。首先，要将大学生的德育教育和社会教育相结合。营造良好的社会环境对大学生进行德育教育，及时制止不健康的社会舆论的传播蔓延，引导学生形成良好的德育规范。其次，优化学校的德育教育环境。大学生德育教育是一个长期的过程，要建立网络德育教育平台，加强教师的德育教育，实施定期网络培训，使其学习新方法、新模式，对大学生进行良好的德育教育。最后，正确引导大学生的道德情感发展。大学生道德观念的培养在某种程度上受到其内心道德情感的驱使。因此，要对大学生道德情感进行正确引导，培育正确的道德观念，使其能够将内心的复杂情感进行合理的宣泄。

3. 增强网络传播的法治观，构建"绿色"人机关系

网络空间的法治建设对网络的发展十分重要，要加强对社交网络和即时通信工具等的引导和管理，规范网上信息传播秩序，培育文明理性的网络环境。增强网络的法治建设，首先，要严格贯彻网络法制条例。完善网络法治建设，健全网络法规体系，引导大学生远离网络违法犯罪行为，并对网络违法犯罪行为严惩不贷，真正做到有法可依、有法必依、执法必严、违法必究。其次，要抓好重点环节的管理。有些商家在网络中任意发布信息，甚至涉及政治敏感、个人隐私等问题，要坚持利用和管理两手抓，加大对日常监督和校园网站工作人员的技术培训，坚决防止信息泄露，抵制粗俗、低端网络信息的传播。最后，要构建网络文化管理新格局。要依靠政府机构、高校管理、大学生的共同努力来加强校园互联网的管理。要采取分级管理，发挥好政府机构、高校管理、大学生的集体作用，督促互联网健康运行，营造和谐的校园网络环境。

二、高校网络思想政治教育中的易班平台

近年来，在国家经济持续发展的环境和背景下，信息技术的发展速度非常惊人。在我国教育教学领域中，网络技术的运用更是非常普遍。网络现已成为人们日常生活不可或缺的重要组成部分，很多大学生沉溺于网络，网络的各种思潮对大学生的思想产生了很大

的影响。"易班"是进行学生思想政治教育工作的重要平台，高校教师只有着力建设好易班平台，并将易班平台的作用和价值挖掘出来，才能帮助高校更好地实施思想政治教育，提升思想政治教育的效果和质量。

（一）易班平台的概念及内涵

易班平台具体来讲就是基于新媒体网络技术，具有教育教学、文化传播、娱乐休闲、信息发布等多种功能和作用的互动性网络平台。在高校建立易班平台工作服务站，旨在使高校校园文化活动变得更加丰富多彩。

易班平台最为主要的功能就是班级功能，它能让每个进入易班的学生找到自己相对应的班级，并能辅助辅导员管理整个班级。班级功能可以分为话题、相册、网盘等模块。话题模块功能很强大，每个加入班级的学生和辅导员（管理员）都可以在话题模块发布事务通知、班级决策、意见征求、帮助寻求、活动组织、投票选举、班委评选等消息。相册是永久无限的，每个加入班级的学生都能在相册中上传图片与大家分享。网盘也是永久无限的，每个加入班级的学生都可以在网盘中分享学习资料，还可以提交作业。

易班还有个能体现网友活跃度的榜单——社区榜单。社区榜单每天会自动更新相关数据，能够让网友及时了解网站其他用户的相关信息。

易班是一个先进的思想教育平台，也是有效解决日常事务的工具和开展各种活动的有效方法和途径。其具有范围广、影响大、效果好、功能多、速度快、使用方便、多互动、多途径等特征及优点。在大学生思想政治教育过程中，建设易班平台能够有效解决思想政治教育资源匮乏，实时性、互动性不高的问题。

通过易班平台，高校网络思想政治教育得到了更好的开展和进行，学生通过易班平台能够学习和了解国家政策、时事政治、社会热点问题等。在易班平台上，学生只需花费很少的时间就能获得丰富的、有用的、正确的信息资料，对学生树立正确的三观有很大的帮助，能够切实提升大学生思想政治教育的有效性。

（二）易班平台建设网络思想政治教育新模式

如今，互联网已经渗透到人们日常的学习、生活和工作当中，并已经成为人们生活和学习不可或缺的重要内容。在高校网络思想政治教育新模式下，不断建设和完善易班平台，能够有效地推动高校网络思想政治教育得到更好的开展，并能够促进网络思想政治教育教学效果和质量得到进一步的提升。

1. 网络思想政治教育与学生的生活实际相结合

为了更好地提升网络思想政治教育效果，高校可以通过易班平台建设，将网络思想政治教育内容融入学生的生活。当前，网络已成为当代大学生生活的主要旋律和内容，学生可以在易班平台上进行话题讨论、信息分享等。同时，高校思想政治教师也可以借助这一优势，结合学生的心理需要和特点创新多种教育方式，以大学生关心的时事政治和社会热点问题为切入点，采取不同的网络思想政治教育方法。此外，教师可以与学生在易班平台上进行互动和交流，在话题探讨方面给予学生积极的思想引导，这样可以更好地提升思想政治教育的效果。高校辅导员也可以通过易班平台与学生进行一对一的线上交流，与学生及时沟通，全面掌握学生的思想动态，帮助学生解决学习和生活上遇到的困难，及时纠正和调整学生的错误思想和观念，促进高校网络思想政治教育效果和质量的有效提升。

2. 丰富网络思想政治教育内容

易班平台有着大量、丰富的网络信息资源，高校开展网络思想政治教育时可以充分运用易班平台的信息资源，不断丰富网络思想政治教育内容，还可以根据学生的兴趣激发学生学习的积极性，促进学生更加积极、主动地去学习网络思想政治教育内容，提升网络思想政治教育效率。与此同时，运用易班平台的资源和信息能够有效弥补高校传统思想政治教育中的不足，可以以学生为中心进行有针对性的网络思想政治教育，通过师生之间的互动和交流，帮助高校思想政治教师和辅导员了解学生的心理动态，进而更好地实施网络思想政治教育，提高网络思想政治教育的质量和效果。

3. 运用易班平台加强师生的互动和交流

学生在易班平台可以随时随地了解和掌握多种教育信息，教师也可以参与学生的讨论，以时事政治、热点问题为切入点，鼓励学生表达自己的思想和观点，积极、主动与其他同学进行讨论。这样教师就能够更加全面地了解学生的思想倾向，在交流互动中及时对学生进行正确的思想引导，使学生树立正确的三观，保持正确的思想政治立场，有效提高大学生的思想政治素养。

4. 与时俱进转变思想政治教育理念

高校思想政治教师要与时俱进地转变思想理念，更好地践行网络思想政治教育新模式，学习先进的思想政治教育手段，通过自主学习和培训等途径，切实提升自身专业能力及综合素养；还可以充分结合学生的现状和个性特征进行教学理念和方法的革新，使自己能够更好地驾驭网络思想政治教育工作；并在易班平台上更好地运用教育资源，将积极的、正确的思想传递给学生，使学生能够更加坚定自己的政治立场，树立正确的三观，提升高校网络思想政治教育的效果和质量。

随着社会经济的快速发展,网络现在已经成为人们日常生活中不可或缺的重要组成部分,但由于大学生尚未步入社会,缺乏生活阅历,思想和心智尚不成熟,极易受网络不良信息和思潮的影响,不利于其正确三观的树立和养成。因此,高校思想政治教师要不断进行教学理念和教学模式创新,不断建设和完善易班平台,为学生提供一个更加安全、纯净的网络学习环境,使学生在易班平台中能够更好地了解时事政治、热点问题,以及经济发展形势,并能够让学生在网络思想政治教育过程中更好地形成积极、乐观的人生态度,更加坚定自己的政治立场不动摇,始终维护国家的利益不动摇。同时,高校思想政治教师还应该提升高校网络思想政治教育质量,为社会经济发展提供更多高品质、高素质的人才。

三、"5w"模式下的高校网络思想政治教育

随着网络技术的发展,网络思想政治教育是各高校开展思想政治教育的重要方法与途径,要想网络思想政治教育实现创新与发展,就要从网络传播上寻找突破口。本节从传播学"5w"模式,即传播者、传播内容、传播媒介、受传者、传播反馈这五方面着手,分析讨论各环节协同提升高校网络思想政治教育的教育效果。具体而言就是提升传播者的意识与素养,坚持内容为王,高效整合网络优势,激发学生兴趣,重视学生主体地位,建立网络思想政治教育全程评估机制,全方位地促进高校网络思想政治教育工作的开展。

网络技术以及新兴媒体的高速发展,使得传播学在社会文化生活中得到了广泛的应用,也使得高校网络思想政治教育发生着持续的改变。而"5w"传播模式是传播学中的重要理论之一,以传播学的视角看高校网络思想政治教育工作,它实则就是一个完整的传播过程。主要包括传播者、传播内容、传播媒介、受传者、传播反馈这五方面,要想更好的占据网络思想政治教育的主阵地,实现大学生思想政治教育的创新与发展,需要这五个环节逐一提高、协调配合,最终实现高校网络思想政治教育工作的全面提升。

(一)提升传播者的意识与素养

高校教师是网络思想政治教育的主要实施者,是整个传播过程中进行信息收集、加工以及传递的人,他们担负着思想政治教育传播内容的选择、传播进程的控制,以及引领学生学习的任务。高校教师意识形态高低、思想水平以及对网络技术的操作能力等直接影响着大学生网络思想政治教育的开展效果,因此在意识上需要提升以下几点:

第一,提升政治意识,拥有坚定的政治立场。在信息爆炸的网络时代,传播者也就是

高校教师必须要有明辨是非、甄别网络信息的能力，始终拥护和不断学习党和国家的路线、方针、政策以及决议，自觉践行社会主义核心价值观，言传身教。这样才能培养出政治立场坚定、网络道德高、能够明辨是非、博学多才的当代大学生。

第二，提升主动占据网络思想政治教育阵地的意识。当前，高校教师主要面对的是"00后"的大学生，从近一时期的思想政治教育效果来看，传统的高校思想政治教育方式收效甚微，这就要求高校教师必须转变思维，重视网络开展思想政治教育的有效性和必要性，坚持服务学生、以学生为主，意识到利用网络可以真正做到学生在哪、思想政治工作就在哪，使学生工作得以更好开展。

第三，提升媒介素养。作为传播者面对"网络原住民"的大学生要熟练使用各类网络传播平台，利用这些传播平台了解学生的关注点、兴趣点以及喜闻乐见的事件等。除此之外，还要掌握更多的网络虚拟空间监管、网络信息清理与屏蔽等网络专业知识，了解基本的网络维护知识。高校网络思想政治教育内容的多样性、话语的复杂性、方式的多样性等要求传播者要有议程设置、舆情监控及引导、内容选择等能力。只有提升了传播者的意识与素养，才能使网络思想政治教育无处不在，也才能激发学生兴趣，形成良性持续互动。

（二）坚持内容为王是根本

不管网络技术如何高速发展，大数据如何强大，都无法改变内容为王的定则。

面对新媒体带来的海量思想政治教育内容时，能够吸引学生眼球、引发学生注意，使其愿意花费时间进行深度了解和学习的前提就是内容足够精彩、足够吸引人，而这也正是高校开展网络思想政治教育工作的根本。提升内容的质量要做到以下两点：

第一，传播内容要从学生出发。在自媒体时代，大学生同步进行着思想的接收与输出，这就倒逼高校在开展网络思想政治教育时，其内容要从学生所关心的事出发，要了解学生的需求与期待，改变以往"高、大、空"的陈旧意识，充分贴近学生的生活，只有建立在学生基础上的教育内容，才能真正被接收，从而获取更好的效果。

第二，内容也要"蹭热点"。在开展网络思想政治教育时要充分利用各重大节假日的特殊时间节点、重大事件的舆论关注力，立足实际并结合当下的时代特征和学生特点，通过网络与学生进行讨论，引发学生对社会现象、制度等展开自主思考，有利于激发自主深度学习的开展，这样不仅可以提高学生自身的思考能力，也可以增强学生对道德问题的判断力，更有利于加强学生对思想政治教育内容的理解。

（三）高效整合网络优势

网络思想政治教育就是以网络为传播媒介开展思想政治教育。要分析考虑当前网络背景下思想政治教育的现状，高效整合利用网络的优势，有针对性地提高思想政治教育的效果，需要做到以下几点：

第一，整合重组学生碎片化时间。网络思想政治教育的兴起除了新媒体与科学技术快速发展的因素，也是由于在高校中开展思想政治教育的时间较短暂、不固定等，不如专业技能课程时间完整和固定。那么在此背景下就要求高校积极利用网络，要整合重组学生的碎片化时间，形成学生使用网络、思想政治就在进行的氛围，开发"每日一句""每日短视频""今日点评""今日热点推送"等一系列简短的信息推送，充分整合利用学生的碎片时间，与其他游戏、购物、聊天软件抢占时间。

第二，借用大数据合力教育。微博、微信、QQ等是常用于开展网络思想政治教育的载体，而在大数据时代，大数据为这些载体提供了信息收集、计算与分析的功能，使其所传播的信息更具说服力和科学性。这就说明大数据可以使网络思想政治教育开展得更加深入、全面，也能够更好地了解学生的性格和兴趣点，使高校教师在开展网络思想政治教育时能够做到有针对性的信息推送。只是在借助大数据的同时，要注意大数据可能会带来的负面影响，需要教师对推送情况有所把控，避免长时间单一内容的信息推送，要配合其他方式，多题材、多类型向学生推送信息。

第三，自主搭建校园传播平台。选取和培养在高校中具有影响力的学生、教师，用他们的影响力吸引学生，选取他们感兴趣的内容开展思想政治宣传活动，以达到教育的目的。教师做引领，发动掌握网络技术的大学生建设德育与思想政治网站，从学生喜闻乐见的事情入手，弘扬网络思想政治教育的主旋律，发挥网络平台的思想政治引领作用，最终实现提高大学生网络思想政治水平的目的。

（四）重视学生主体地位

在高校网络思想政治教育工作中，必须要充分尊重和认可大学的主体作用，并且积极发挥大学生在网络思想政治教育中的主体作用。

一方面，要激发学生思想政治学习的兴趣。兴趣是让活动得以持续发展的原生动力，也是当前高校在开展网络思想政治教育工作时必须首要考虑的核心问题，要充分了解学生的需求、兴趣，以及学生的痛点，创造让学生自己参与网络思想政治教育工作的机会，调动学生的积极性和主动性，树立学生主体意识，使其自愿、主动参与到学习中。

另一方面，要重视大学生的主体地位，全面提升其自主学习、教育、传播的能力。在自媒体的背景下，学生拥有了更多的话语权，面对海量信息有着更多的选择权，因此在网络思想政治教育整个过程中学生既是信息的接收者又是信息的传播者，这也改变了以往"教师教，学生学"的单一模式，形成了多项互动的传播方式。在这样的模式下，学生有了更多独立思考的空间，其学习积极性也得到了提升。要想提高学生的主体能力，需要高校教师给予及时的、正确的引导，做好议程设置和舆论引导工作，提供更多的交流机会。随着大学生阅历和知识水平的提升，其能力也会相应得到提升。

（五）建立网络思想政治教育评估机制

网络思想政治教育在当下发挥着越来越重要的作用，各高校都在积极地提出各类方法更好地推进网络思想政治教育工作的开展，工作的开展必然有效果评估，高校网络思想政治教育工作也不例外。成功与否，学生评价如何，存在哪些问题，该如何有针对性地提高思想政治教育都是高校应当考虑的问题。这也正是传播学中的传播效果反馈环节，这个环节对应到高校网络思想政治教育工作中，需要主要思考的是如何建立一个完整的效果监测与检验机制，用于检验高校网络思想政治教育工作的成功与否。网络思想政治教育评估机制的建立可以从以下四个方面入手：

第一，网络思想政治教育方案的评估。高校要成立思想政治工作小组对网络思想政治教育方案进行审核，并给予政策、场地和资金等支持。

第二，网络思想政治教育过程的把控。要安排精通网络的，如高校计算机与信息学院的教师对网络思想政治教育过程进行把控。网络的开放性、学生的自主性都给整个教育过程带来了极大的不可预期性，高校网络思想政治教育工作者要有舆情敏感度和专业知识技能才能更好地开展工作。

第三，学生评价机制。学生是对高校工作最有发言权的群体，网络思想政治教育工作开展过后，应当及时启动学生评价机制。

第四，效果检验与测评。网络思想政治教育并不是学生观看视频、满足学时就完成了所有的工作。要真正地将工作落到实处，就要将网络思想政治教育工作与学生的日常管理工作结合起来，做到有机整合、无缝对接；更要在一定阶段组织学生自己开展知识竞赛、主题演讲等一系列的活动，在检验学生学习效果的同时更能让学生学有所用。

综上所述，网络技术的不断革新带来了网络思想政治教育的动态演变，传播学也得到了广泛应用，大学生网络思想政治教育工作是以网络为传播媒介的、完整的传播过程，需要高校中负责网络思想政治教育的教师从各个环节严格把控，从整体上提升高校网络思想政治教育的效果。大学生思想政治教育工作是一项长期的、艰巨的任务，相信随着努力以及研究的不断深入，高校将能更好地开展网络思想政治教育工作。

第四章

"互联网+"背景下大学生思想政治教学模式的变革

第一节 "互联网+"背景下思想政治教学之翻转课堂模式

一、翻转课堂的内涵和特点

（一）翻转课堂的内涵

从广义来讲，翻转课堂就是一种通过借助互联网信息技术来缩短教师课堂上直接讲授时间，从而延长线下学生自主学习时间的教学模式。

"翻转课堂"被誉为是对工业化社会教育方式的某种意义上的"颠覆"。它首先实现了教育教学理念的转换，不再以教师作为课堂的绝对主宰，不再搞灌输式教学，而是通过层层递进的启发式教学、问题导向的情境化教学、以人为本的自主性学习等环节，在人本主义的课堂中实现教育对象新旧知识的交接与新旧思维方式的过渡，达到更好的教育效果。它使得教师的角色也从传统的宣教者变为导师甚至"助产士"。教学方式也随之转变，从主要做宣讲转为主要做研讨，从重在授业转为重在解惑。教学资源也大为拓展，从单纯依赖线下信息转为利用线上线下多方资源。这一切都致力于教育目的的更好实现——激发学生求知热情，锻炼参与和合作意识，进行反思性训练，塑造自由而全面发展的人。

（二）翻转课堂的特征

1. 强调学生的主体地位

教师在传统教学模式中占据主导位置，并具有绝对的课堂话语权。而翻转课堂教学模式则是以学生为主体，教师是教学活动中的组织者和引导者，并在课堂采取因材施教的教学方式，帮助学生扎实有效地掌握新知识、新内容，这样不仅有利于提高学生的学习斗志，提升学习效果，还有助于强化学生的学习信心，促进其更好、更快的成长。

翻转课堂教学模式中，学生是教育的主体，学生更趋于主动学习，加强知识记忆，从而有利于培养学生自主学习意识和创新意识。

2. 转变传统教学的观念

我国长期受到传统教学模式的影响，固有的教学观念根深蒂固，"以学生为教学主体"的教学观念很难实现。翻转课堂在高校中的应用真正体现了学生的主体地位，转变了传统的教学观念，促进了高校教育事业的持续发展。

3. 教学活动具有灵活性

高新技术使得教师和学生从传统课堂的束缚中解脱出来。在翻转课堂中，教师不再停留在讲台上念教材，学生也不只是坐在固定位置上听教师念教材，而是由教师把课程讲解录制成视频，让学生在课堂之外自行观看学习。这就意味着课堂将会有更多时间让教师组织安排更多教学活动，学生也将有更多时间交流和探讨，将所学的理论知识加以实践运用。这种探究式的课堂，可以根据需求采用多种多样的教学活动来进行教学。教师可以针对本班学生的学习特点，组织学生参与游戏式活动展示等一系列能使学生迅速投入课程学习的教学活动，例如，某学院采取游戏教学机制的翻转课堂实践，就是为了调动学生学习并能运用抽象公式的兴趣而准备的；教师也可以根据课前收集到的学生学习所提出的疑点难点，来安排有利于学生分析并解决问题的教学活动，如分组讨论、情景演示等活动，通过创设情境教学帮助学生解决问题；教师还可以根据教学内容的难易程度来选择合适的教学活动，例如，针对一些抽象复杂的学习内容，可以增加情景演示、案例分析或者漫画展示等教学活动，这样才能激发学生的求知欲，使其通过积极的情感体验来理解和掌握所学知识。事实上，翻转课堂是对课堂的简化，其核心是自由、主动地学习，没有非常严格的流程，教师可以根据学生的具体情况，采取不同的教学活动来帮助学生强化其自学中所学到的知识。

二、大学生思想政治教育应用翻转课堂的可行性

（一）翻转课堂是教育改革背景下对传统教学弊端的突破

在教师教学居主导地位的"满堂灌"的"填鸭式"的传统教学方式，知识局限于课

本、评价局限于分数，学生处于被动接受知识的地位，压抑了学生的积极性、创造性，不利于学生创造性思维的发展。由于师生沟通的有限性，从师生的交流总体来看是单向进行的，对于学生的兴趣点和思考的焦点、难点未能做到完全把握，不利于教学相长。大数据时代的到来，已然改变并还在不断改变着人类的生活样态和学习方式。高校思想政治理论课必须利用大数据的技术手段，构建新的教学模式，创造新的教学方法，翻转课堂教学模式应运而生，翻转课堂中，学生可以通过网络等多种渠道获取丰富的学习资源，打破教师对知识"垄断"的权威。翻转课堂改变课程过于注重知识传授的倾向，倡导学习知识与掌握学习的技能、方法并重，并形成积极主动的学习态度，使学生在获得基础知识与基本技能的同时学会学习；改变过于注重学科本位、知识本位的倾向，注重培养学生探究性学习能力和创造性思维，加强学生的实践能力；改变"要学生学"，强调"学生要学"，提高学习的主动性、积极性；改变过于注重甄别与选拔的评价，强调评价要有助于教学改进及学生发展。

（二）翻转课堂依托现代信息技术满足大学生的实际诉求

基于互联网的普及和计算机技术的发展，现代教育技术得以迅速发展，高校思想政治理论课拥有丰富的网络教育教学资源，都为翻转课堂的开展提供了技术和资源支持。我国教育信息化的发展，为教育教学提供了丰富的视频资源，如高校精品课程网、超星视频教学、网络公开课、爱课程、微课网等。与此同时，国家整合高校的优质资源，成立了东西部高校课程共享联盟，共同推进高校创建网络共享平台课程，形成优质视频网络课程的共享机制，如精品资源共享课、教育资源云平台、大规模网络公开课等网络教学和资源共享平台。当代大学生的典型特点是喜欢表现自我、展示自我，并从中获得满足感和存在感，因此对传统教学方式具有本能的排斥和反抗，为更好地激发大学生的这种主体性诉求，需要在教育教学过程中使其得到应有的表达和释放，就会提高学生的学习兴致和课堂的教学效果。现阶段，各种新媒体层出不穷，如 QQ、微博、微信等，学生可以通过多种便捷的方式进行自主学习，通过网络平台实现交流互动及资源共享，为翻转课堂的实施提供了强有力的保障，真正实现思想政治理论进教材、进课堂、进头脑。

三、翻转课堂在思想政治教学中的应用

（一）大学生思想政治教育应用翻转课堂的必要条件

翻转课堂实施前需对师生进行针对性培训。通过对相关教师的培训使教师深刻了解到教育信息化对高校教师专业发展的影响，有助于教师转变教育教学观念，主动积极探索翻转课堂等新型教学模式，对适合翻转的教学内容进行筛选，能利用相关软件设计和制作微课及课件，能建设网络学习平台并将其应用到翻转课堂中。

对教师和学生的培训要在调研的基础上进行，要具有目的性和针对性，培训前可采用专题会议、问卷调查、访谈等形式收集相关信息，根据调研结果，通过数据统计分析，确定培训内容，实施培训。对学生进行培训目的是使学生了解信息时代的学习方式和方法，了解翻转课堂的内涵、特点、意义，清楚学习流程及新的授课方式，熟悉网络学习平台的基本功能，更好地配合教师实施翻转课堂的教学开展，并能熟练利用网络等资源进行课前及课后的学习、交流和总结，确保翻转课堂的有效性。

（二）大学生思想政治教育应用于翻转课堂

思想政治教师要根据学校和课程的不同情况，给予翻转课堂区别性对待。较高层次的高校特别是研究型大学可以更多地运用翻转课堂模式，突出自主学习和研讨式学习，当然，这也需要各科目任务之间的统筹安排，不能过度加重学生的课外负担而造成"课外紧课内松"。而应用型高校则适宜有限的"翻转"，更重视教师的主导作用，不过度依赖于学生的自学，知识讲授与受控训练仍然占据重要地位。正如研究者指出的，考虑到不同层次不同类别学生的实际情况，翻转课堂往往是作为讲授的补充而非彻底替代。偏技术性课程更适用翻转课堂模式，充分利用"互联网+"背景下广泛而丰富的云平台，同时包括思想政治课程在内的人文性课程更需要现实互动、人文关怀和思想引导。但是涉及难度较大的课程或章节，或对于高龄教师，不宜采用一般的翻转课堂模式，传统教学法仍占优势。

高校应提供相应的新媒体技术支撑与及时的师资培训。翻转课堂对课件的制作技术和新媒体互动路径以及课堂的交互设计与创新要求较高，这就需要高校提供相应的新媒体技术设施，提升教师运用新型教学法的意识与能力，强化团队合作，适当引入校外支持力量。另外，理想的情况是，未来思想政治课程也可以实现教育部在《新时代高校思想政治理论课教学工作基本要求》里所讲的"中班教学、小班研讨的教学模式"，以利于充分探讨和师生互动，这就要在师资力量配备方面下功夫了。

思想政治教师不可忽视系统性、专题性的知识讲授。在总课时不变而课外学时增加，即课堂时间有所缩短的思想政治课程改革背景下，课堂上进行重点知识的系统讲授或专题讲座仍有其必要性。需适当穿插教师的专题性、系统性演讲，而不宜完全碎片化。这对于大学生的学科思维和系统认知的建立很重要。即使在翻转课堂的发源地美国，一些大学也是这样做的，部分课堂安排教师做系统的讲座。思想政治课程可以利用新媒体，把完整的知识分解成片段来传授，但根本上不能以碎片化来应对学生思维的碎片化——理论的系统性是思想政治课程教学必须秉持的。特别是当今大学生身处新媒体时代，课外被大量的碎片化、多元化、偏激化政治历史信息包围，缺乏教师系统的、正向的思想引导是不可想象的。

第二节 "互联网+"背景下思想政治教学之慕课模式

一、慕课的基本特点

（一）规模性

慕课的"大规模"意味着学习者数量不受控制，与传统课程只有几十个或者几百个学习者不同，一门慕课课程甚至可达上万人，且分布世界各地。此外，慕课的"大规模"不仅仅是学习者和参与教学的教师数量庞大，而且慕课课程资源的来源波及全国乃至全球范围内各个学校、教师。学习者大规模地参与和交互使得课程产生海量的学习数据，慕课平台利用大数据挖掘、人工智能和自然语言处理技术，多维度和深层次分析海量学习数据，发现课程学习的特征和规律，动态调整学习引导策略和学习支持服务。

（二）开放性

广泛的开放性是慕课的主要特点之一。开放性主要是指慕课课程通过互联网平台对全球学习者完全开放，任何人不分国籍、种族、文化程度、地位、身份，只要有网络，有一台计算机，注册一个账号，就可以分享全国乃至全世界优质的课程资源。慕课的出现不仅是一种新型的教育教学模式，而且通过互联网的平台能够缩小不同地区不同国家的教育差距，从而推动全球教育的公平性。简而言之，将慕课引入高校思想理论课中，只要能上网，只要有时间，只要有学习意愿，任何人都可以进行在线学习并分享来自全世界优秀的课程资源。慕课学习中学习者利用社交媒体与同伴和教学者自由地展开互动与交流，学习者负责媒体语境下的自身知识结构，达到真正学术公开、民主和自由。网络技术的发展和移动终端的高覆盖率为慕课在高校思想理论课堂应用提供了有效的技术保障。

（三）自主性

自主性是慕课的突出特点之一，主要体现在以下三个方面：一是时间及空间上的自主，慕课不受时间和空间的限制，学习者完全可以随时随地根据自己的时间安排学习；二是学习内容的自主，慕课在选课上没有任何规定，学习者完全可以根据自身的特点、能力及水平，选择适合自己的课程进行学习；三是学习方式的自主选择，适应"互联网+"背景下碎片化学习的特点，慕课微视频只有5～10分钟，课程内容根据知识点分模块化组成不同的主题，方便学习者既可以按自己关心的主题进行学习，又可以充分利用自己的闲暇、空余时间进行碎片化学习。简言之，慕课改变了传统课堂教师的主导地位，在知识面前，师生地位平等，给予并尊重学生更多的选择权利，使学生真正成为学习的主人。

（四）非结构性

从内容上看，慕课大多数时候提供的只是碎片化的知识点，是一组可扩充的、形式多样的内容集合，这些内容由一些相关特定领域专家、教育家、学科教师提供，汇集成一个中央知识库，就像网站一样。这些内容集合的独特之处在于其能够被"再度组合"——所有学习资料未必堆砌在一起，而是通过"慕课"彼此关联。慕课的非结构性能够实现学生碎片化学习，提高学习效率。

二、大学生思想政治教育应用慕课的可行性

（一）慕课是满足大学生思想政治教育新要求的途径

1. 满足思想政治教育发展的客观要求

高校思政慕课建设是全员育人的需要。人的思想观念和道德品格的形成无法脱离一定的社会环境，思想政治教育的进行也必须在一定的社会环境下进行。为了促进个人进步与社会发展，思想政治教育需要对全体社会成员进行全方位的教育。随着互联网的高速发

展，思想政治教育顺应时代的发展也出现了新型载体。大规模、开放性、共享性的慕课与思想政治教育全员育人的理念高度契合。发展和完善高校思想政治课程的慕课将为大学生提供无限可能，引导大学生从自身对思想意识的需求出发，有针对性地选择自己需要的课程，以达到更好的教育效果。

2. 适应时代发展的必然要求

高校思政慕课建设是为了适应当今社会信息技术飞速发展的要求。思想政治课程作为大学生思想政治教育的重要组成部分，在当今信息时代呈现出了新的需求。开展思想政治课程教学，已经不能单纯依靠讲解式教学模式，必须融入适应时代的新元素、新思想，融入信息技术与现代理念，只有这样才能确保思想政治课程质量得到提升和优化，确保大学生思想政治教育取得良好效果。

3. 满足高校思想政治课程质量提升的现实要求

思政慕课的建设为课程形象重塑提供了一个良好契机。慕课建设可以倒逼教师改变原有教学方式，创新式地发展慕课与线下课程相结合的教学模式。可以利用慕课进行启发探讨小组式的教学方法进行小测试、章节测试，调动学生的积极性、主体性、自主性，同时利用节约出来的时间，组织学生探究式学习或参与社会实践，促进思想政治课程落地生根。充分发展、完善思政慕课，可以创新教学形式，将传统课程教学变为教学的一部分，可以采取双轨形式，让学生根据自己的实际情况去选择自己感兴趣的老师讲解的同一门课程进行补充学习，这种教学方式一方面可以增强学生对知识的理解，另一方面也可以促进教师进行教学质量的提升，形成教学相长的良性循环系统。在慕课平台上，教师与学生之间变得更加平等，学生与教师可以进行平等的交流和对话。在普通的思想政治课程教学中，由于各种因素的影响，如时间、人数等，也可能有些问题得不到及时解决，由于学生性格不同、兴趣相异，也可能有些学生没有或者不敢提出问题，因此无法达到良好的学习效果。但是通过慕课，在虚拟空间内，学生可以提出自己的疑问，从而建立健全系统、完善的思想政治课程师生互动机制。

（二）慕课对大学生思想政治教育具有多重优势

1. 实现资源共享

慕课以"将世界上最优质的教育资源传播到地球最偏远的角落"为信念，试图让全球所有学生都能够免费体验优秀教师所讲授的优质课程。慕课具有鲜明的互联网基因，互联网时代某种程度上来说就是一个免费的时代，慕课也不例外，到目前为止，包括我国在内的世界范围内的慕课基本上都是免费的。慕课得以迅速发展除了技术因素以外，还有一个不容忽视的原因就是：慕课迎合了大众迫切要求降低学习成本的需求和共同分享优质教育资源的价值诉求。近年来，全世界的大学学费都在不断高涨，我国也开始在硕士阶段收取部分学费，这必然会给家庭贫困的学生带来更大的负担，因此慕课无疑为他们提供了一个更好的选择。

2. 实现课程的精品化

慕课多数是由世界著名高校开设，或者是企业与名校联合开设的，一般是精英高校的教师上课，走的是精品路线，学生有更多的机会接触最新、最权威的课程，这就保证了慕课的课程质量。慕课的视频中突出的是学生的"学"，慕课资源的形式和内容都经过精心的设计和优化，符合"互联网+"背景下学生的认知规律和"注意力模式"；慕课课程在开始前都会提供简短的课程简介，在平台上都会有清晰的课程目录，方便学习者对课程进行选择和整体把握；慕课将一节课的内容分解为若干个小知识点，每节课程都由一般不超过十分钟的短视频组成，视频形式多样，有课堂实录、演示文稿、手写板书、专题采访等形式，视频的画质、播放速度、视频是否连播、是否显示字幕等都可以进行选择，而且提供下载教师 PPT 或者讲课字幕的服务；每个微视频一般只会阐述一个独立的小知识点，但是不同微视频之间经过精心的设计，每个知识点又存在着紧密的逻辑关系，从整体上构成一个完整的知识体系；视频以周为时间单位，每周进行课程更新，以由易到难、循序渐进的方式相互衔接，更活泼、更直观、更具有表现力，且慕课平台包括了选课、听课、练习、讨论、互评、考试、证书等一系列环节，是一个完整的课程学习行为。

3. 提升学习方式的灵活性

慕课课程适用域比较广，可实现跨地域学习，只需一根网线或一部手机就可以随时随地学习，最大限度地突破了教学在空间及时间上的局限性；学习者利用慕课学习时可以自己独自完成学习过程也可以在网上组成若干学习小组，每个学习者都在小组中扮演不同的角色，互相交流解决学习中遇到的问题，也可互相监督、共同进步，遇到学习上的问题或者有学习心得体会可以通过论坛或邮件的方式实现师生之间和生生之间的沟通交流，经过思想上的碰撞而让自己成长。在校生可以通过慕课学习适合自己的优质课程，改进学校的教学效果，提高教育质量；而非在校的适龄青年同样也可以通过慕课享受高等教育，长期下去，必将促进学习型社会的形成。慕课具备新时代的基因，可以充分利用碎片化的时间来实现不断充电，帮助人们树立终身学习的理念，又与未来移动学习的需求相契合。

4. 实现教学的创新性

慕课是以学习者为对象，针对网络学习而设计的，全面、系统、完整的教学过程，是在线教育的重要突破。与以往的在线视频课程相比，慕课借鉴学习了网络游戏的方式，设置了随堂考试的模式，进行"即时奖励"，即像游戏里的通关设置一样，在学习完一个知识点的视频后，弹出一个或几个问题来回答，问题一般都比较容易解答，但只有在全部答对的情况下，才能继续学习下一节的内容。网上视频可以重复观看，考试也可以重复进行，直到题目完全答对，知识全部弄懂为止，这样不仅使学生保持注意力又可以学得更扎实，防止出现掉队现象。系统也会根据学习者完成测试的好坏情况奖励不同形式的勋章来激励学习者。

（三）慕课与大学生思想政治教育契合性强

1. 契合学科性质

思想政治课程作为大学生思想政治教育的主渠道，进行的任何形式的创新都必须符合思想政治教育的内涵，在此基础上需要满足教育思想的真理性和方法手段的科学性。在思想政治课程教学中，将慕课作为一种教学手段，一方面能够提升思想政治教育的科学性，另一方面又为传播教育思想、扩大教育受众、增强教育覆盖面提供了一种全新途径，进而对社会成员产生深远持久的影响力，提高思想政治课程的感召力和渗透力。

2. 目标功能一致

高校思想政治课程与慕课的目标一致。思想政治课程作为大学生思想政治教育的主渠道，其根本目标是提高大学生的思想道德素质，促进大学生全面发展，进而激励他们为建设中国特色社会主义努力拼搏，为最终实现共产主义而奋斗。思想政治课程的初衷是培养大学生健康的价值取向，进而提高他们对于世界的认识与改造能力，促进自身全面发展。慕课的主要目标也是传播科学知识，进而传递良好的人生态度与精神品质，促进学习者的自由全面发展。

3. 受众一致

全体社会成员都是思想政治教育的教育对象，但是同为教育对象却不可用一种教育方法进行，教育必须根据其教育对象的层次性进行。大学生是社会主义建设的建设者与接班人，可塑性较强，进入新阶段心理、生理有较大变化，所以世界观、人生观、价值观可变性较强，因此需要对站在新锐与时尚前沿的他们予以更多的关注，借势而激发学生的价值指向，进而满足其内心需求。

慕课虽然采取网络授课方式，但是从目前来看，大学生仍然是其主要使用者。随着信息的多样化，大学生的需求也越来越多样化，他们对新事物的需求也更多了。学校有限的资源供给与学生无限的内心需求之间形成矛盾。慕课的出现有利于充分利用网络课程调和这种矛盾，提高有限教育资源的利用率，满足大学生的多元化需求。

三、慕课在大学生思想政治教育中应用的原则和策略

（一）实施高校思政慕课的主要原则

1. 坚持价值观引领

在新时代，思想政治课程必须以价值引领来统率知识。因而在我们进行思政慕课建设时，必须坚持思想政治课程的价值性，要紧扣思想政治课程价值观教育的本质开展思政慕课建设，将大学生个人发展与国家富强有机结合，将爱国情、强国志牢固树立并转化为报国行。教师能否正确地传输社会主义核心价值观，能否有效传输马克思主义理论以及马克思主义中国化成果，直接关乎对大学生思想政治教育效果，甚至关乎高校思想政治教育的成败。一直以来受传统应试教育与教学观念的影响，很多思想政治教师在进行思想政治课程教学的过程中，走向了知识性教学的误区，认为思想政治课程和别的课程一样，只要讲清楚教材知识点，学生学会用知识点解决问题，教学目的就达到了。事实上不管是思想政治课程教学还是思政慕课建设，一定要将其内含的政治性与思想性有效凸显出来，要教育学生在信息多元化的社会中毫不犹豫地坚持社会主流意识形态，毫不犹豫地坚持社会主义，能够理解社会主义，相信社会主义的未来，相信共产主义一定会实现，愿意为社会主义建设、中华民族伟大复兴而奋斗，进而促进人的自由而全面发展。

2. 碎片化与系统化相结合

"广袤世界，在你指尖"，正如由清华大学主持开发的慕课平台"学堂在线"推崇的，慕课课程广泛性与碎片化的趋势日益明显。当代大学生以"00后"为主，作为网络"原住民"的他们，有着明显的"快"而"碎"的阅读习惯，"微学习"成为他们热衷的学习方式。慕课设计的初衷正是迎合当代大学生的特质，让学生无论何时何地，只要通过计算机或移动终端，就可以不受限制地接受来自任何地方的教学资源，学生可以根据自身的需要和时间安排去调整学习环节，而不再需要像传统课程那样在特定的时间去特定的地点进行学习。而且一个教学内容会被切割为若干个微视频，化"海量信息"为"微形式"学习

材料，通过微视频表达、演绎、传播教学内容，学生可以根据自身对这部分知识的熟知情况选择跳过或者重复学习，这种学习方式非常适合当代大学生的学习节奏。但是这种学习方式在一定程度上淡化了知识之间的关联，难以在宏观上把握知识框架与脉络。

3. 坚持服务学生的理念

根据意识形态的服务理念及教育所秉承的以人为本的理念，高校网络思想政治教育应把学生放在第一位，形成服务学生的理念。中国共产党以为人民服务为宗旨，在高校网络思想政治教育中具体体现为服务学生的理念；同时，以人为本的教育理念也要求尊重学生价值及其主体地位、关心学生幸福和尊严。

所以，高校网络思想政治教育把人的完善作为发展目标，实现教育与服务的融合并使之贯穿于网络思想政治教育的始终。同时，大学生很多思想问题是由实际问题所引发，思想问题与实际生活中面临的问题密切相关。所以，在解决大学生思想问题时应与解决实际问题相结合，把抽象的网络思想政治教育与学生的实际生活、学习相联系，使服务学生的理念具有可操作性。另外，增加学生满意与否的评价标准测定，使高校网络思想政治教育具有实效性和说服力。

（二）实施高校思政慕课的有效策略

1. 高校方面

（1）搭建优质慕课平台，打造精品慕课课程。课程内容是一个课程的核心部分，决定了课程能否得到长期稳定的发展，高校应该积极迎接慕课，打造精品思想政治慕课课程，不断深化思想政治慕课的内容建设，整合优质资源，优化师资配置，让教师之间通力合作，从内容到形式上进行高质量的设计，不惜投入大量的人力、物力和财力，开发出更多优质的、符合教学规律、满足学生发展需要的思想政治慕课课程，让学生有更多的选择，能够倾听到更多的思路和观点，体现教育的多样性，才有可能做到有教无类。首先，进行教材攻坚，课程内容要联系生活，关注时事，要把活的现实、活的理论融入思想政治课程教材之中，及时将马克思主义最新研究成果转化为教学内容，利用慕课这一平台，不断为高校思想政治课程注入新鲜的血液，提升对学生的吸引力。其次，要注意创新课程设计，将慕课课程规律和学生自身发展规律相结合，在遵循思想政治课程内在逻辑的基础上，合理划分视频课程的知识点，科学设计线下课程讨论，做到线上视频课程和线下课堂教学的有效衔接。最后，要注意对打造特色慕课课程进行自主探索与实践，树立品牌和特色课程意识，将富有中国特色和优秀传统的内容融入思想政治慕课课程之中，也可以依托地方性优秀历史文化资源对思想政治慕课进行多样化探索。复旦大学在发展思政慕课时采用MOOC的形式，尤其注重慕课内容的建设，不是简单地将课程搬到网上，而是更加强调课程的内容设计，突出教师授课与学生探究的结合，生产出一批高质量内容的慕课课程。华东师范大学慕课中心为了创建一系列高质量的慕课视频资源库，采用与C20慕课联盟合作的形式，推出"名师名课工程"，组织全国优秀学科教师，共同录制覆盖全学科知识点的教学微视频，以供全民共享。

（2）加大推动力度，提供多重建设保障。高校党委要发挥引领作用。高校党委在加强对学校全面领导的基础上，必须把握重点，牢牢抓住思政工作的主导权，将高校思政慕课建设摆在极其重要的位置上。在党委的领导下，高校各相关部门都要为思政慕课从人力、技术、管理等多方面提供切实保障。学校应当加强对教师利用慕课进行教学的技术培训。一方面，培训教师利用慕课进行实时互动的能力。教学是一个相互交流的过程，如果没有师生、生生交流互动，就难以构成一个完整的教学过程，而慕课在利用新技术——互联网进行教学的同时，还需要实现隔着屏幕的实时互动，才能弥补以往网络教育的不足，促进教师与学生在网络上无障碍交流。教师还可以由此获取学生对教学的反馈，优化自己的教学。另一方面，应加强教师对慕课平台大数据应用的培训。慕课后台产生的大数据可以完整地保存学生学习情况、学习过程，包括学生在课程上付出的时间、对课程的完成情况、学生感兴趣的专业学科等，教师可以根据大数据提供的这些信息来观测每一位学生的学习行为。通过对教师这两种技能的培训，可以提升教师建设思政慕课、利用慕课进行思想政治课程教学的技能。

2. 教师方面

（1）与传统教学模式相结合，创新慕课教学模式。传统的高校思想政治课程的教学模式，是教师在长期的教学实践的摸索中总结出来的，思想政治理论课是我国社会主义大学性质的体现，反映了国家意识形态，是中国社会主义大学特有的课程。课程以马克思主义基本原理，中国化马克思主义理论，中国革命、建设、改革开放史和大学生思想道德修养与法律基础知识为主体内容，属于思想政治教育的范畴，教学过程需要教师和学生进行面对面的交流、沟通、对话才能取得好的教学效果。思想政治课程的特殊性决定了慕课无法完全取代传统的思想政治课程教学模式，应当在借鉴传统教学模式宝贵经验的基础上，对思想政治课程教学模式进行多元化、个性化的创新改革。

（2）教师提升素养，发挥主体作用。思政慕课建设取得成功的关键在于教师。首先，教师要改变自身观念。高校思想政治教师必须乐于接受新鲜事物，对慕课这一种互联网时代下产生的新事物要坚持与时俱进，用理性的态度去看待，用谦虚的心态去研究慕课。不管高等院校思想政治教师承认与否，慕课已然对高校教学产生了巨大的影响。因此，高校教师应该领悟慕课的秘密，意识到这种社会历史发展趋势下教师的可发展空间。此外，教师要增强有担当、能持守的职业素养。教师应当形成健康和谐的人格，树立正确的合作竞争观及更强的职业素养。在慕课高速发展传播的时代，对于大部分教师而言，他们或许不再是课程主讲教师，而转化为默默无闻的线上学习指导者，为慕课主讲明星教师做幕后工作，这需要教师有极强的能力与担当，在线上与学生加强交流，对学生的认知及时做出合理引导。其次，教师需转变对学生认知的理解。高等院校思想政治教师在学理论、讲理论、信理论、用理论之前一定得有强大的政治担当。只有拥有强大的政治担当，才能够保持敏锐的政治性，才能够讲好思想政治课程，建设好思政慕课，培养好后备人才。

3. 政府方面

目前，我国慕课建设主要经费来源于学校自筹与企业负担，事实上，政府也应该予以财政方面的支持。一门慕课课程的建设动辄需要数十万甚至上百万的经费，这对于高校来说是一笔不小的支出。经费在教育事业发展中占据着基础性、主导性地位，我国教育经费主要来源于公共财政，如果缺少完善的教育投入保障机制，那么教育就难以从根本上得到提高，因此对于思政慕课建设政府应当予以资金支持。资金的投入是开设慕课的重要物质基础，只有资金投入充足，才有可能建设出优质的慕课课程，也才有可能促进思政慕课建设发展。各地政府可以设置慕课建设专项资金，一方面为高校慕课建设提供充足的经费支持，另一方面也可以鼓励各大高校进行慕课建设，促进思政慕课的蓬勃发展。

（三）依托慕课实施线上线下混合教学模式

1. 高校思想政治教育应用线上线下混合模式的优势

在"互联网+"背景下，高校思想政治课程面对面单向传输性现场学习模式，难以满足当下网络化生存的高校大学生对于现代课堂诉求。在推行生本导学课堂改革背景下，混合式教学模式在生本思想政治课程堂中具有显著效果，对于提升高校思想政治课程效果与质量具有重要作用。究其应用原因，既源于思想政治课程教学的特殊性，也源于思想政治课程与时俱进的现实诉求。思想政治课程是立德树人的关键课程，开展思想政治课程契合大学生成长规律，有利于给予大学生系统化、规律化及科学化的教学指导。然而在实际教学过程中，由于思想政治课程的特殊性，存在着学生对话能力不强、不关心教学效果等问题，单纯的课堂教学或网络教学都难以完成思想政治课程教学任务与目标。除此以外，思想政治课程要具有开门办课的意识，要依据现代大学生特点与社会发展，用现代教育技术武装自己，推进课程改革创新。混合式教学模式旨在打造生本化课堂，以建构主义学习理论为原则，以"以学定教、以生为本"为基本思想，是一种以多种教学方式与工具整合而成的教学模式，让信息技术更好地服务思想政治教学，充分发挥了教师主导作用与学生主观能动性。

2. 混合式教学模式在高校思想政治课程中的作用

（1）发挥思想政治课程双主体积极性。基于主体间性的教学理念，思想政治课堂主体永远是教师与学生，只有充分发挥学生与教师的主体性，才能获得理想的教学效果。在学生多是"低头族"的课堂现状下，手机与网络成为课堂的"公敌"，与其让课堂与互联网为敌，不如顺势而为。单纯性主导作用，只是强调教师主体性，是教师控制教学的过程，容易导致教学失控。混合式教学模式为高校思想政治课程改革打开新出口，让"互联网+"搭建起师生对话的桥梁，让学生的思想政治学习兴趣与注意力得以回归，混合式教学模式注重师生之间的交流互动，使得思想政治课程成为学生思想碰撞的大熔炉，提高了思想政治课程的容量与效率，教师与学生主体得到充分体现，进而让思想政治课程活了起来，真正实现思想启发与观点碰撞，在解决课堂低头率增加、出勤率不高方面发挥了重要作用。

（2）改善思想政治课程教学方式与内容。在知识获取多元化的今天，线上教育打破了旧有教育形式时空的鸿沟，墨守成规的传统讲授式课堂形式难以达到活化知识、拓展教学思路的教学效果，教学形式创新迫在眉睫。混合式教学模式具有交互性、创新性、混合性等特点，其通过重组教学理念与方式，能够有效打破思想政治课程传统"满堂灌"式的固有形态，让科学技术最大效率地助力教育教学，让现代技术真正为己所用，达到教学相长的目的。

3. 基于慕课的高校思政线上线下混合教学的实践

慕课作为一种教学模式，能够在一定程度上促进教育的发展，有效增强教育的公平性与实效性，提升教学质量，促进终身学习。当然，这种混合教学并非简单的技术上的"弱混合""形式混合"，更多的是丰富的教学内容与恰当的教学方法之间的"强混合""实质混合"。

（1）课前：线上"深度预习"。在课前阶段师生主要达成教学的"知识目标"，将部分概念性知识的内容由学生自主学习，因此该阶段教师与学生的活动主要围绕知识传授展开。整个教学模式以教师为起点，该阶段主要包括教师慕课微视频的制作与精选、学生微视频的学习等环节。该环节为一种"脱域性"学习方式，不再受学习空间的限制，是典型的异位散布式教学。需要注意的是，在此环节，教师也可以根据已有慕课选择适合自己教学内容与教学方式的慕课课程，并将其推荐给学生作为一种选择。

（2）课中：线上线下"深度融合"。课中阶段主要包括师生线下课堂教学以及小班讨论，在该阶段，应该特别强调学生的主体地位。在线下的课堂教学中，教师应当积极合理地引导学生就本节课的教学难点与教学重点进行思考，结合实际问题进行讨论，以弥补线上教学的不足。该环节设置的讨论题目应与课前环节的预习内容"深度融合"，有效衔接。教师与学生面对面讨论问题，通过对问题的研究与探讨，实现思想政治理论的内化，使学生研究能力得到培养与锻炼。同时，需要把与学生认知相矛盾、冲突的观点在课堂上加以引导，把利用马克思主义理论诠释现实问题的环节放在课堂上加以讲述。鼓励学生积极参加课堂讨论、各抒己见、畅所欲言，在讨论互动中实现情感升华、思想净化，实现对党的政治理论的进一步认知与认同。最后，进行对知识的归纳总结。在思想政治课程中，可以通过设置"分享式阅读""研讨式学习"等，强调学生对阅读成果的分享，由学生走上讲台分享文献，调动学生的积极性与参与度。

（3）课后：线上线下"深度检验"。教学活动完成后，教师与学生都需要进行教学知识巩固与教学效果诊断。课后阶段，需要在课堂教学结束以后，学生有效利用慕课平台中的课后讨论环节、课后练习环节进行课堂学习知识检验。同时，利用好慕课平台中教师提供的课程补充资料，开阔自身视野，提升思想政治理论素养。除此之外，教师需要积极组织专业相关的实践活动，引导学生将思想政治理论与现实社会实际、专业学习相结合，在具体实践中进行研究，分析解决社会问题，分析专业知识背后隐藏的思想政治理论。这样不仅可以加深学生对于马克思主义的内化理解，也可以帮助学生增强社会实践能力，并将自身掌握的理论外化于行，将知识学习转化为社会性活动。教学团队也可以在慕课平台开展一些诸如思想政治理论知识竞赛、社会热点分析等活动，补齐慕课教学缺乏的实践环节。

4. 提升高校思想政治混合教学有效性的必要条件

（1）引导教师树立正确的混合式教学理念。在混合式教学实践过程中，不少思想政治教师对混合式教学模式存在定位不清晰、使用不得当等问题，导致教学效果大打折扣，学生学习效率低。究其原因是思想政治教师对混合式教学模式理解不够透彻，具体表现为以下三方面：其一，由于客观原因的存在，思想政治教师在教学过程中慢慢地沦为配角，往往过度强调学生主体地位，缺乏主动引导与启发意识，未能及时指导学生知识构建与总体学习，导致学生主观能动性不足，学习过程缺乏仪式感与正式感；其二，缺乏培养学生自主学习能力的意识，促使学生自主学习能力下滑。通常情况下，高校将课堂教学作为主渠道，大多数学生已经习惯了传统讲授式课堂模式，当面对在线学习与课堂学习并行的混合式教学模式时，由于对在线学习情境较为陌生，部分学生感到混合式学习十分具有压力与挑战性，进而造成学习效率较低；其三，偏重形式上的混合学习，部分思想政治教师进行混合式教学模式具有盲目性，往往将其作为新工具而选择使用，最终使得教学过程只是形式上混合。因此，为了获得良好的教学效果，应当帮助思想政治教师正确认识混合式教学模式。一方面，要让思想政治教师掌握混合式教学模式的形式与内涵，即混合式教学模式是学习资源、方式、理论及方式的共同混合，是面授与在线教学方式达到融合状态，以此让思想政治教师能够把握线上教育与传统课堂教学的度，促使传统教学与数字化教学在碰撞中逐步融合，在融合中优势互补与补充完善。另一方面，也要集中概括混合式教学模式的教学精神，重构教师与学生间的关系，将学生学习作为课堂主体，既要关注如何教，也要注重如何促进学生学。此外，还要利用互联网教学优势扩大教育力量，培养学生自主学习能力，确保混合式教学模式行之有效。

（2）建设思想政治教学资源共同体。混合式教学模式强调学习资源与环境的混合性，在学习资源整合方面，混合式教学模式强调建立一站式学习方式，在于构建网络平台集中式构架、多网络渠道共用分散式架构、半集成协作式架构等教学平台，将教学资源尽可能整合到一个平台上，并形成强大教学资源管理中心，以实现教学资源数字化、理论知识显性化、数字知识内在化，最终适应不同学生与学习目标需求，促进多媒体教学资源与课堂教学协同交流，达到预期的教学与学习效果。在学习环境混合方面，混合式教学模式注重传统课堂教学与现代网络教学的有机融合，学习环境在空间与时间方面达到一种混合状态，确保学生既能够面对面进行学习，也能够在虚拟网络环境中教学平台学习，达到教学资源最优化配置，最大化实现系统功能。由此可见，混合式教学模式开展是以学习网络教学软硬件设施为载体的，也就是说网络平台与硬件设施居于纲领与统摄位置。因此，高校"互联网+思想政治"混合式教学模式的开展，要注重学生学习环境的设计，应当按照思想政治教学内在逻辑加强思想政治课程网络教学平台建设，为混合式教学模式开展提供支持。

（3）构建"互联网+"思想政治混合式教学课程体系。在当下教育信息化背景下，各种教学平台、媒体平台为思想政治混合式教学模式的开展与实施提供了诸多便利，特别是开放式在线课程教学情境，极大改变了传统大班授课制教学的学习场域，因此在思想政治教学过程中，应当坚持多元化融合的原则，探寻与构建"互联网+"混合式教学课堂体系，为网络思想政治课程混合式教学模式做出有效尝试。思想政治课程可以构建线上"自主探究+课堂教学"协作研讨的思想政治教学课程体系。在课堂教学中，思想政治教师在面对面的教学过程中能够针对性组织课程内容，即时与学生进行交流互动，有利于引导学生进行深度思维，培养学生群体协作能力；在线教学是近些年新兴起的教学方式，即便其存在不可避免的虚幻色彩，却能够帮助学生开展个性化、自适应学习活动，通过线上交流研讨促进师生深度互动，增强学生建构知识能力。基于混合式教学模式，设计出线上与线下共同进行的思想政治课程体系，在线上进行互动答疑、自主探究等教学活动，在课堂之中进行知识讲授、协作研讨等教学活动，有助于学生根据学习目标协作解决驱动任务，实现知识有意义建构。

（四）高校落实思政慕课的反思

1. 思政慕课难以传达思政思想

高校思想政治课程作为党和国家对大学生进行思想政治教育的主渠道，其本质是意识形态课。思想性是高校思想政治课程的灵魂。作为大学生意识形态工作的主战场，思想政治课程有责任也有义务在新的思想政治教育场地——互联网舆论场上占据绝对优势地位，通过在慕课平台中开设思想政治课程，增强网络思想政治教育的话语权。因此，在进行思政慕课建设的过程中，必须把意识形态方面的教育摆在第一位。从意识形态的范畴来看，思想政治课程是对学生思想观念层面的教育，需要学生自觉接受它的熏陶，无形地接受教育，因此必须选择一种与其相匹配的教学方法或形式，才能保证产生良好的效果。根据慕课的设计理念，需要强化对知识的理解、讨论、吸收，基于这种模式，教师的主要任务是制作设计教学内容，同时增强与学生的网络互动。当前这种忽视学生接受程度、忽视师生交流互动，单纯注重教学内容的浏览时长与成绩考核的慕课，无法确保思想政治课程的教学效果。

另外，思政慕课需要借助互联网自身优势，相比线下教学，更多倾向于教学方法与教学模式的改革，而对教学内容的深化变革并没有过多的思考。毕竟作为思想政治课程，我们需要传递的不仅是教学内容，更多的是一种信仰，也就是说不仅要解决"知不知"的问题，更要解决"信不信""做不做"的问题。思想政治课程不只需要让学生了解、知道所学内容，还要让学生对所学内容有一种信仰，这种信仰不是靠教学方法能够做到的，必须依据思想政治教育方法，加强对学生的言传身教，发挥教师的榜样示范作用。而慕课形式将教师与学生分离开，所以这种言传身教是很难做到的，在一定程度上也削弱了思想政治课程对学生信仰问题的教育。同时，重视思政慕课建设过程中的意识形态性，也将部分思政慕课建设带到了另一个极端，可能会导致部分思政慕课存在过度政治化、理想化倾向。部分思想政治教师在进行马克思主义理论教育、社会主义核心价值观教育时，往往停留在"照本宣科"式教学，无法将学生日常生活与社会现象有效结合，难以准确把握时代脉搏，更难以用教材知识去解释社会现象，较少关心学生对理论与现实相结合的需求，让学生产生了一种思想政治课程是僵化空洞、无法贴近生活的误解，从而很难在思想上接受、认同思想政治课程。再加之，学生经历过中高考时期的应试教育对分数的追求，他们错误地认为思想政治课程就是通过背诵以期达到较好成绩的一门课程，并没有认识到思想政治课程更重要的是要将其理论落实在行动中，进而转化为自身奋斗的精神力量。而思想政治课程教学需要立足于我国改革开放的实践，面向学生深切关注的现实问题，思政慕课教学过程中如果缺乏教师对学生思想动态的关注，很难引导学生纠正这种不良观点、错误认识。

2. 思政慕课难以保证内容时效

思想政治课程作为对大学生正确的世界观、人生观、价值观培育的主要渠道，内容具有极其重要的导向性。思想政治课程教学主要围绕马克思主义理论及其中国化理论成果展开，其目的是引导学生用马克思主义的视角解释问题，用马克思主义中国化理论成果分析当下社会的焦点、热点问题，促进中华民族伟大复兴，以社会主义主流意识形态引领多元化社会思潮。马克思主义理论自身具有与时俱进的理论品质。马克思主义理论教学内容也必须要与时俱进，跟随时代与实践的变化而发展，高校思想政治课程的教学更需体现出这一理论品格。在思想政治教学中，受到学生欢迎的课程与教师必然是将抽象的理论结合了最新的社会热点的。

当代大学生处于不断深化改革的时代，他们面临着多元价值观的选择与社会矛盾的日趋复杂化，他们的生活、心灵不可避免地受到了冲击与影响，他们渴望了解新颖的知识，渴望关注党和国家最新政策的出台贯彻，渴望关注社会的热点问题、突发事件，但自身信息甄别能力不足，缺乏对事物科学合理的认识，需要思想政治课程加强引导，及时有效地对学生进行答疑解惑，帮助他们树立正确的价值观。从教学内容上看，思想政治课程必须坚持时效性，思政慕课建设也必然坚持实效性。只有这样才能完成党和国家对思想政治课程的重大期望，达到学生思想政治课程学习的目的，满足学生对思想政治课程的好奇心。

第三节 "互联网+"背景下思想政治教学之微课模式

一、微课的概述

（一）微课的特点

1. 教学时间较短

教学视频是微课的核心组成内容。微课的时长一般为 5~8 分钟，最长不宜超过 10 分钟。因此，相对于传统的 40 分钟或 45 分钟一节课的教学课例来说，微课可以称为"课例片段"或"微课例"。

2. 教学内容较少

相对于较宽泛的传统课堂，微课的问题集中，主题突出，更适合教师的需要。微课主要是为了突出课堂教学中某个学科知识点（如教学中重点、难点、疑点内容）的教学，或是反映课堂中某个教学环节、教学主题的教与学活动，相对于传统一节课要完成的复杂众多的教学内容，微课的内容更加精简，因此又可以称为"微课堂"。

3. 资源容量较小

从大小上来说，微课视频及配套辅助资源的总容量一般在几十兆，视频格式必须是支持网络在线播放的流媒体格式，师生可以流畅地在线观摩课例，查看教案、课件等辅助资源；也可灵活方便地将其下载保存到终端设备上实现移动学习，非常适合于教师的观摩、评课、反思和研究。

4. 主题突出，内容具体

一个课程就一个主题，或者说一个课程一个事；研究的问题源于教育教学具体实践中的具体问题，或是生活思考，或是教学反思，或是难点突破，或是重点强调，或是学习策略、教学方法、教育教学观点等具体的、真实的、自己或与同行可以解决的问题。

5. 草根研究，趣味创作

正因为课程内容的微小，所以人人都可以成为课程的研发者；正因为课程的使用对象是教师和学生，课程研发的目的是将教学内容、教学目标、教学手段紧密地联系起来，所以研发内容一定是教师自己熟悉的、感兴趣的，有能力解决的问题。

（二）微课的设计

在具体的微课设计过程中，有些细节会影响到最后完成的微课能否成为一个成功的教学手段，以下是应注意的要点。

1. 微课中 PPT 的设计

微课中的 PPT 应以方便学生自学为主，因此，PPT 张数不应太多以避免学生厌烦从而失去学习兴趣。

微课的 PPT 画面应淡雅清新，不应出现与内容无关的背景画面。很多 PPT 在制作时为了使画面好看，采用了很多的设计模板，加入了大量的其他元素，殊不知这样做往往会导致学生的注意力被背景画面所吸引，反而影响到对内容的学习。因此，微课的 PPT 制作应以浅色背景为主，避免学生受到不必要的干扰。

微课 PPT 内的文字应简练，最好能做到一目了然。PPT 的文字越多，学生在学习时花在阅读文字的时间就越长，在这段时间内教师的引导基本上就不能起到应有的效果；相反，如果在这段时间内学生注意力只在教师的讲授上，则文字就起不到作用了。因此，微课 PPT 的文字应言简意赅，可以以列举的形式将该部分的主题点出，一定要避免长篇大论让学生不知所措。

2. 微课中教学视频的设计

微课中的教学视频是微课成功的重要因素，因此微课中教学视频的设计很关键。首先，教师的语言应精练、有条理，直击重点难点，不出现多余的话，所以教学视频的容量不会也不应太大，同时应注意以下问题。

第一，教师视频画中画的背景应该做得干干净净。在学习微课时，学生的视线会在教师画中画的部分停留很久，以便听清教师的授课，此时教师视频画中画的背景如果杂乱，将导致学生的注意力不集中，影响教学效果。因此，教师画中画的背景可以是墙壁或浅色的窗帘等不明显的衬托物。

第二，教师的视线应直视镜头，并适当做出相应的表情。在学习的开始阶段，可以做出疑问的表情，使学生跟随教师进入问题的提出部分；在学习的中间阶段，教师可以以微笑的表情使学生在学习过程中轻松领会问题的解决方法；在复习阶段，学生正确回答问题时，教师可以做出赞许的表情给予鼓励。丰富的教师表情反馈可使学生更加充分地感受到一对一教学时的师生交流。

3. 微课中教案的设计

微课中是以 PPT 课件加上教学视频为主要授课方式，但不应因此就放弃对教案的要求。微课的教案可以成为教学的辅助手段，或者可以将微课的教案看作微课的扩大化。当学生在学习微课中遇到疑问时，或希望对微课的内容进行进一步的了解时，微课的教案就可以成为学生学习的参考书，这样就可以避免学生盲目查找参考书带来的时间浪费。因此，教师在给出微课的同时，可以同时给出微课的教案。例如，通过在网站上给出微课的电子教案等方式，帮助学生对微课进行深入学习，使微课教学的辅助资源更加丰富。

为使学生能在放松的状态中学习，在整个微课中，可以加入舒缓的背景音乐，帮助学生放松情绪，以便于其对知识技能的掌握。当然，寓教于乐应采用何种方式属于个人风格问题，不同的教师可以采用不同的方式以达到帮助学生学习的目的。

总体来说，微课的设计、开发与应用会面临诸多挑战。微课开发的主体应该是教师，而教师的微课设计、开发与应用技能是微课发展的一大挑战，一些企业和研究人员也在积极尝试使用各种工具和技术来降低教师微课设计制作的门槛。微课的质量涉及科学性、技术性和艺术性，质量问题是微课发展的另一挑战。不仅如此，微课应用模式的创新也是未来微课发展的一个重要问题。只有解决了微课设计开发的技术门槛，提升了课程的质量，并能加以创造性的应用，微课的未来才会更加美好。

二、大学生思想政治教育应用微课的必要性和可行性

（一）大学生思想政治教育应用微课的必要性

1. 有利于提高学生学习的主动性和实效性

（1）满足学生个性化学习需求。思想政治课每个单元的知识点都较多，教学任务的要求使得讲授课占有较大比例。微课的引入可以使学生在教师统一讲解的基础上，课下利用微课资源帮助自己查缺补漏、巩固知识。微课的基本出发点就是要以学生为中心，开发原则是要吸引学生课堂注意力、方便学生获取知识、提升学生学习成效。微课简短灵活的特点，方便学生重复获取微课资源，根据知识的难易程度和自身基础，选择不同层次、不同类型的学习资源满足个性化的学习需求。

（2）有助于培养学生自主学习能力。思想政治课要求学生既要了解中国特色社会主义现代化建设常识，又要懂得用所学到的马克思主义基本原理来处理实际问题。因此，学生

的自主学习能力要在教学过程中得到充分的体现。从建构主义角度来看，学生在学习过程中的角色是将新的知识通过感性接触内化在自身知识结构中，也就是对知识的学习不只是被动地接受，而是基于原有知识经验上对新的有用信息的重新构建。微课开放互动的教学特征正契合这一思想。通过丰富有趣的教学情境预设，学生较容易产生学习动机，如透过微材料提供的信息思考某一社会现象的本质，通过对预设思考题的分析，主动探求运用某一科学原理解决实际问题的方法等。

2. 有利于提高课堂教学质量

（1）有利于明确教学目标。思想政治课知识的重点、难点是教学过程中要把握的核心，有时靠单纯的罗列讲解容易造成思路不清晰、教学目的不明显等弊端。微课内容简要、目标单一的特点有利于教师对教学任务的合理把控，在突出教学重点和突破教学难点方面具有独特的优势。

（2）有利于提高课堂效率。微课形式多样的视频、音频、网络交互工具等多媒体呈现方式，契合人们的注意规律、感知规律、记忆规律和思维规律。思想政治课可选择具有针对性和代表性的多媒体素材做辅助，充分利用图像、声音、语言、文字、图形等多种媒体信息，把知识要点形象地呈现给学生，吸引学生课堂注意力，提高学习积极性，增强学习的主动性。另外，以"学生为主"的微课设计理念，能充分关照学生在学习活动中的主人翁意识。

3. 有利于教师提升教学水平

（1）促使教师更新观念。长期以来，思想政治课被冠以"死记硬背科目"的称号。微课引入思想政治课，对广大教师来说既是教学方法的更新，更是教学观念的颠覆。教学方式的全方位改变，促使思想政治教师对以往的教学习惯和理念进行深刻的反思，立足于教育教学改革的原则，将微课的运用原则和设计理念与实际教学内容紧密结合，达到创新思想政治课授课模式的目的。

（2）促进教师提高业务素质。微课的运用将提高思想政治教师教学技能，提升业务素质。微课是信息技术和教育教学任务结合的产物，既是对教师掌握新技能的要求，更是对教师综合素质的考验。在微课实践中，教师不能贪图便利而简单模仿，也不能不顾实际需求为了微课而微课。若要让微课模式成功的服务于政治课教学，需要教师充分了解学生的心理需求，合理安排微课内容。教师制作出精良的微课课件则需要仔细研究教学内容，精心设计教学主题，合理安排教学环节，广泛收集网络教学资源并进行筛选，恰当运用多媒体软件。这些投入必然会促使政治教师积极学习和掌握本学科以外的新知识和新技术，重新定位教学方法。所有这些都将促使思想政治教师投入更大的精力钻研业务，提高教学综合素质。

（二）大学生思想政治教育应用微课的可行性

1. 计算机与网络的普及

随着社会经济技术的进步与发展，平板电脑、智能手机等移动终端设备和网络逐渐普及，为微课得以开展和实施提供了必要条件。目前，大学生几乎每个人都拥有手机、平板电脑，这为学生在课前课后观看微课视频提供了设备保障。

2. 多媒体教学设施齐全

现如今，大部分学校教室里都配备了多媒体教学设备，为微课的实施提供了必备的硬件条件。还有一些学校为学生配备了平板电脑，为微课的开展提供了便利条件。

3. 师生乐于开展微课教学

从教师的角度来看，大部分教师在实际教学过程中使用了微课。而且教师普遍认为，微课的优势在于其短小精悍，使用起来比较方便快捷，有利于学生课下自主学习和移动学习，配合翻转课堂开展后取得了不错的学习效果。同时，也有教师对微课的劣势提出质疑。但总体上来说，广大一线教师对于微课的开展与应用持积极态度，普遍比较看好微课在教育领域的发展前景。

从学生的角度来看，大部分学生对开展思想政治微课比较支持，这主要是因为学生大都没有兴趣学习枯燥乏味的思想政治课，但作为高校必须学习的一项科目，学生又不得不学习。而思想政治微课以一种全新的形式，使学生从学习中感受到了乐趣，因此，他们非常乐于参与思想政治微课教学。

三、思想政治课教学中开展微课的原则与对策

（一）思想政治教学中开展微课的原则

1. 实用性原则

实用性原则就是指在设计与开发微课的过程中要坚持实用为主，够用为度。微课是为大学生的学习服务的，所以，不管是哪种教学思路和模式，最终目的都是提高思想政治课教学的效率和将思想政治教育的实用价值最大化。课程设计之前，需要关注学习者想要的

是什么，在看完本节微课后，能否将所学知识应用到现实问题的解决当中。

从内容上看并不是任何知识点或教学内容都可以制作成微课，在课程标准的指导下，对知识点进行合理、适度地剖析和选取，并且与整个学科课程在整体上连贯一致，内容恰到好处，才能将其效益最大化，不然就是耗时耗力，做无用功。一切以学生的实用为中心，在实际教学过程中一定要追求实效，杜绝空泛。

2. 简明性原则

简明性原则是指微课在设计与开发的过程中坚持画面简洁，内容少而精，能够简单明确地反映客观事物，重点突出，一目了然，画面越简单，学习者的注意力也就越高，同时还要注意给学习者留下想象的空间，易被大学生掌握和使用。微课是能够让学习者的学习不受时间和地域的限制，能够实时地进行学习的教学资源，因此，教学视频要兼容不同的播放环境，既可以在计算机上播放，也支持各种移动终端设备，所以，视频界面的设计必须直观，既简洁又美观，便于学习者操作。

3. 灵活性原则

灵活性原则是指在微课设计与开发的过程中做到技巧的灵活使用，内容的灵活调整，教师能够根据教学的不同内容选择相应的教学方法，激发大学生的学习动力，引发大学生的兴趣，牵引大学生的思维和情感。坚持微课教学的灵活性原则，是为了解决在实践教学过程中会随时出现的突发情况，避免出现由于缺乏灵活性而降低教学质量的现象，教师在课堂教学过程中要预先设置多种组织方案，教学设计要留有余地，当出现突发情况时能及时修改和调整原定方案。教学内容和学生认识在教学过程中都是动态的、不确定的、变化的因素，随时都有意料之外的情况发生，教师要随着课堂情况的变化对教学方法随时进行调整，使教学能够顺利地进行下去，不至于偏离教学主题，从而达到启发学生发散性思维、多角度思考的效果。

（二）思想政治教学中开展微课的对策

1. 创建长效激励机制

思想政治课最重要的一个特点就是内容的时效性，信息的高频、持续更新是微课应用于思想政治课的一个重要前提，利用一些外在的措施给予思想政治教育工作者更大的鼓励，激励他们不断更新自己的理论知识和充实自己的理论框架，可以促进微课持续更新，多方面、多途径地促进微课在课堂教学中的应用。

教师、学生的肯定和赏识所产生的影响力和推动力，是保证微课在课堂中得以利用的重要原因，高校思想理论课的教师一般教学任务比较重、科研压力很大，通过微课进行理论课教学势必要占用教师更多的个人时间和精力。把微课纳入思想政治课教学的整体规划当中，制定切实可行的教学方案、教学大纲和课程内容，确保微课能够长期运用；在高校教师的绩效考核当中，建立一些相关的鼓励、奖励政策，建立配套的工作量计算和劳务报酬机制；同时建立相应的精神奖励，在各类职务评聘中，建立相应的关联机制。这些举措都有助于调动教师的积极性。

2. 加强现代教育技术培训

建设一支政治素养高、业务水平精、生活作风正派的思想政治教育队伍是微课应用于高校思想政治课教学的人才队伍保障。人才培养的关键在于教师，教师的理论水平和实践能力的高低决定了高校人才培养的成败，教师队伍的素质决定着微课在思想政治教学中的实效性。但是当前高校的思想政治教师队伍普遍地存在着对微课认识不够、理论水平不高、管理不到位、教学与科研能力不强等问题，实践能力受到一定的限制，鉴于此，我们必须加强对高校师资队伍的培训，保证大学生思想政治课的可持续发展。

建立和完善培训体系，为高校思想政治教师制订培训规划，有重点、分层次、多形式地逐步进行微课培训，提高教师微课开发技能，使培训工作制度化、系统化；推动思想政治教育者职业化、专业化发展，提高教师的微课制作与理论研究水平；鼓励教师组织开展社会实践、外出考察活动，开展各高校教师间的交流与合作，大家相互学习，开阔视野，不断丰富微课素材，提高队伍的整体素质和教学能力；支持教师开设小班研讨课，运用研究性、探究式的教学方式，引入翻转课堂、慕课等新思路新方法，不断创新教学手段和方法，在微课应用于高校思想政治教学中发挥好引导人的角色。

3. 开发相应的教育平台

高校思想政治教学方式的创新效果如何，在很大程度上取决于是否有相应的教育平台。大学生微课思想政治教育平台有利于打破传统思想政治课课堂教学在时间、空间上的限制，提高教学的效率和质量，对于实现真正的微课教学和灵活多样的教育手段有着重要作用。

4. 深入开展相关理论研究

微课在思想政治教学中应用的理论研究不够务实，应用理论研究应该具有鲜明的实践品质，主要是为微课的发展以及微课在思想政治教学中的应用提供具体的理论支持与指导，着力于解决思想政治教学实践中所出现的各种理论和认识问题，使理论能够真正转化为具体可行的实践方案与方法，进而解决各种实际问题。就目前来看，大多数研究主要还是在微课的概念及对当前的教育影响方面，它的设计、开发与在一些学科应用方面的研究还是比较少的，停留于表面现象的简单描述，不具备普遍适用的借鉴与指导意义，也谈不上理论的升华与总结。

微课在思想政治教学中应用的理论研究要考虑学习者的初始能力。学习者的初始能力是对从事特定的学科内容的学习已经具备的有关知识与技能的基础，以及对有关学习内容的认识与态度。虽然明确了微课在高校思想政治教学中的作用，但是对于不同初始能力的学习者来说，微课的作用也是不同的。同样一个学习内容，是用微课的形式还是传统的课堂讲授，对不同的学习者起到的作用是不同的。对于先前知识储备较少的学生来说，传统的课堂讲授更具明显优势，而对于先前知识积累较多的学生来说，差距不明显。因此，微课在思想政治教学中应用的理论研究还应考虑学习者的初始能力。

第五章

"互联网+"背景下大学生思想政治教育体系的变革

第一节 "互联网+"背景下高校思想政治工作体系变革

一、教学人才体系变革

（一）提高高校思想政治教师素质的重要性

1. "互联网+"背景下高校思想政治师资队伍存在的问题

"互联网+"背景下高校思想政治教师传统的教学手段和方法受到挑战。教学既是一门科学，又是一门艺术。高校思想政治教师在做好理论解释的同时，更要注重学生对知识的消化吸收效果，对大学生进行有针对性的、艺术性的思想政治教育和引导。然而，当前高校教师运用互联网技术开展微课、慕课等新型网络教学模式的水平和能力较低，就造成了思想政治教师自身素质与当前"互联网+"时代要求不相适应的局面，使得高校思想政治课教学模式和方法亟待创新。

2. "互联网+"背景下高校思想政治教师信息技术能力有待提升

（1）缺乏收集、分析和利用有效信息的意识。"互联网+"时代的到来、大量信息和数据的存在，使得很多思想政治教师在利用互联网上意识欠缺，既不善于进行自我反思，也不善于及时发现问题。因此，思想政治教师在讲课过程中应该能够及时发现不足，有针对性地利用互联网进行各种相关信息的查找，丰富教学内容从而弥补不足。

（2）欠缺收集、分析和利用有效信息的能力。很多高校思想政治教师对于利用相关网络平台提供的便利条件，有效分析、处理并进一步利用信息的意识和能力欠缺。因此，要针对这些存在问题对课堂教学进行有效的正确指导，提高教师利用网络的能力，进而提升思政课的实际效果。

（二）高校思想政治教师提升的重要途径

1. 教师自我教育、全面提升

（1）坚定理想信念、矢志立德树人。做好一名高校思想政治教师，要有坚定的理想信念、崇高的道德素养、深厚的理论水平、创新的教学方法和立德树人的使命感。同时，思想政治教师需要充分意识到信息是"互联网+"时代最宝贵的资源。思想政治教师要提高对数据信息的敏感性，善于收集、整理、分析数据；要不断学习新知识，掌握新技术，树立以学生为主体的观念；要充分利用微博、QQ空间、微信朋友圈、贴吧等网络空间，以获取更多、更新的信息数据，从而及时掌握学生的学习动态，发现学习问题并给予个性化的引导和具体的帮助。

（2）提升综合知识素养，树立知识权威。一方面，思想政治教师要充分利用网络这一新媒体资源，通过专题网站、微博、微信等平台加强自身马克思主义理论与实务的学习；另一方面，思想政治教师要以敏锐的洞察力和灵敏的政治嗅觉去捕捉新情况、新问题，将其引入课堂教学过程中，增强思想政治理论课的可信度和实效性。

（3）掌握现代网络先进技术，创新教学模式。在课堂教学中，要善于将网络视频、短片、微课、微信等引进课堂，激发学生兴趣，激发学生学习思想政治课的积极性，增加课堂实际教学效果；要善于创新性建设具有吸引力、高质量的思想政治教育专题网站、慕课等网络教学资源，提高学生自主学习能力，实现课堂教学与网络教学的优势互补。

（4）积极打造网络平台，注重与学生交流互动。教师在教学过程中，要将专业知识清晰地传授给学生并为其所用，帮助学生解决生活中的实际难题，并通过网络对话交流，让自己成为大学生心中的良师益友；要运用"互联网+"思维，通过构建大学生在线互动社区、微信、微博、网站、App应用为主的新媒体阵地，融合线上线下的O2O运营机制，促进传统线下活动与线上互动传播的有机融合、相辅共进。因此，利用"互联网+"背景下的各种有利网络资源成了思想政治教师传播知识、加强交流互动的重要途径。

（5）重视信息技术培训，提高高校思想政治教师队伍利用"互联网+"技术的能力。在高校思想政治教师队伍中应开展广泛的、分层分类的网络技术培训，使其尽快掌握运用"互联网+"技术的能力，将获得的信息有效发挥作用，运用到自己的教学实践中，提升思想政治教师的教学水平和魅力。

2.高校的科学管理机制创新

一是学校要加强对思想政治教师的重视,充分意识到加强高校思想政治理论工作的重要性,积极制定各种保障政策和条件,并切实落到实处;二是完善高校思想政治教师的选拔、培养制度。选拔那些政治素养、道德素养、知识素养过硬的教师加入思想政治教师队伍,积极创造条件,有计划地组织思想政治教师开展社会实践,使教师进一步了解世情、了解国情,不断地补充新知识、解决新问题;三是完善绩效考核,健全评价体系。高校要采取综合考查的形式,在职称评聘、考核评优方面给予思想政治教师足够的重视,并给予一定的政策倾斜。

(三)加强大学生自主管理中的主体发展

1.学生主体发展在大学生管理中的重要意义

(1)学生主体发展是大学生全面发展的基本前提。无论是从国家、高校还是从学生自身来看,促进大学生全面发展均是根本诉求。一方面,大学生是国家的宝贵人才资源,是祖国的希望和未来,其发展状况直接影响着社会主义现代化建设的进程,关乎"中国梦"的实现,具有重要的社会意义;另一方面,大学生的主体发展直接关系大学生的个人成长、职业发展、自身价值的实现等诸多方面,具有重要的个体意义。

(2)学生主体发展是大学生社会化的必由之路。社会化是指个体通过学习,掌握社会技能,不断增强对社会的认同感和责任感,能顺利融入社会,并通过个人努力改变社会的行为过程。学生主体发展和自主管理是社会化的重要体现。大学生个体的社会化是从不知到知、从知之不多到知之甚多、从不成熟到成熟的社会生长过程。这是一个具有长期性的毕生课题,该课题的完成不仅仅要依靠主体发展与自主管理来完成,更要通过这种主体发展和自主管理来体现社会化的成果。主体发展良好、自主管理能力强的学生,其社会化的进程顺利,反之亦然。

2.建立学生自我管理教育的新视角

(1)从管理者角度,更新观念,为学生自主管理提供空间。高校及高校学生管理工作者要充分理解"以人为本"的内涵,突出学生在高校学生管理工作中的主体性,以促进学生的主体发展为根本任务。在这个基本前提下,管理者要变"管理"为"服务",变"控"为"引",建立学生自主管理运行机制,培养学生的自主管理能力。

(2)从大学生角度,提高自主管理意识和能力。首先,肯定自己,把自己看成是学生管理中的主体,把学生管理看成是自己的事情,突出自己在管理中的主体价值。要增强自主管理的主动性，主动参与班级管理、系部管理及社团管理；要建立自主管理的学生队伍，通过组织分工、组织内部制度的约束等方式，提升学生的责任心和积极性。其次，相信自己，有能力、有办法管理好自己的事务。大学生要不断学习和锻炼，提升自主管理的能力，既为更好地推行自主管理模式，也为了自我能力的提升。最后，依靠自己，有自主管理的责任感，不要事事、时时依靠老师或依靠学校，要有探索精神和创造精神，积极参与学生管理的各项事务，自觉维护正当权益。

（3）学生管理者和学生要共同开拓自主管理的"多方阵地"。首先，构建校内阵地，以宿舍、班级、学生会、学生社团等为阵地，开展丰富多彩的群众性文体活动，活动组织与安排的每一个环节都依靠学生，参与者也是学生，构建一种自主管理的有效运行模式。其次，构建校外实践阵地，以学生社会实践活动为载体，让学生进入社会，锻炼能力、提高认识。当前，大学生社会实践活动已经成为我国各高校的常规项目，很多大学在社会上的相关企业或部门建立社会实践基地，让学生进入企业感受企业管理制度与企业文化，深刻体会个体社会化的过程。

（4）构建大学生自主管理的法治环境。大学生自主管理不仅仅是自己管理自己学习生活中的小事情，更要体现在学校建设与发展、教学改革、人才培养等大事上。而且，学生参与学校自治不仅仅是听草案、举手表决等表面现象，更要体现在实在的参与上。借助高校学生会、学生社团等学生组织，扶持学生实行自治。在学生组织干部的选举、监督和罢免及组织管理等方面更多地放权。赋予学生会、学教会、学生自律委员会、学生社区管委会等更多的与学校领导、各职能部门平等对话的权利，让学生自治组织在学校各项管理工作中有更大的参与权、发言权和决策权。

二、教学评价体系变革

高校思想政治教学评价是思想政治教育教学中重要的一个环节，它可以帮助评价对象明确自己在教学中的表现，而随着互联网技术的发展，思想政治课教学评价体系为了保证其时效性也应该做出改变，改革才能使教学评价体系发挥其真正的作用。

（一）思政课教学质量保障

1. 思政课教学质量评价体系

新时代的教学质量是指教育满足社会和个人需要的程度，也就是说新时代的教学质量包括教育对社会、经济、国家和个人等方面的满足程度。

教育是一个动态的过程，根据时代背景和相应的社会要求的不同，教学质量的要求及衡量标准也不同，要想与时俱进地发展教育，就应该按照符合时代要求的标准对教育质量进行衡量和提高。高校教育的首要任务是人才培养，高校应该注重学生的全面发展，培养出知识丰富、专业技能优秀、思想道德良好、具有创新精神的人才。同时要注重对学生的实践能力的培养，为学生创造良好的实习、实践条件和平台，使学生可以自觉主动地投入学习、投入实践，形成良性循环，教学促学、实践辅学，帮助学生实现全面发展。

深化教学改革，要进一步完善学分制度，推行个性化的弹性教学机制，加强学科全面学习。全力支持学生参与科学研究、学科竞赛等实践活动，提高学生的知识运用和问题处理能力，加强对学生的就业、创业指导，实现个性化的专业辅导，加强学生在社会中的竞争力，为他们的未来发展提供更好的服务。因此，要建立健全教学质量保障体系，提高对教学质量水平的评价管理，深化教育改革。

在当今这个时代，对任何领域的教育来说，教学评估都是十分重要的部分。教学评估可以有效地对教育教学的实际情况进行反映，其中包括对教学的状态、质量、水平的评价，对相关政策方针的履行程度的评价，对学生学习水平的评价，对教师进行教育的有效性的评价。

2. 构建思政课教育教学质量评价体系的研究依据

随着社会的发展和时代的进步，思想政治教育教学必须跟上时代的脚步，从教学的内容体系、方式方法、价值取向等方面进行改革创新，要拓展教学理论的领域，研究新的教学模式。为了提高教育教学质量，必须与时俱进地制定和完善思想政治课教学质量评价和管理体系。对思想政治课的教学质量评价与管理体系进行研究，可以帮助教育工作者更好地了解思想政治教育，可以更好地满足社会对学生的思想政治水平的要求，进而促进学生的全面发展。

对学生的思想政治教育不仅发生在课堂上，在学生的日常学习生活中也可以开展相关教育，应该关心学生的思想动态，在他们学习和生活的各个环节中进行思想政治教育。思想政治教育工作由多个环节组合而成，每个环节之间都有所联系，相互影响。所以只重视课堂教学过程的监控和课堂教学效果的评价，忽略对整体思想政治教育的监控和评价，会导致教学评价结果缺乏全面性和科学性，得出的结果并不是准确的评价。

影响思想政治教学质量的因素有很多，因此在对思想政治教学质量进行评价时，必须将各种影响因素考虑在内，避免片面、不科学的评价结果。只有对全部思想政治教学过程进行评估，才能得到较为准确、客观的评价结果，也才能保证思想政治教学的进步。

我国一直很重视对学生的思想政治理论教育，并一直在这个方面有很大投入，无论是在队伍建设还是在资金投入上都有很大的力度。但是，在实际操作的环节，思想政治教育还存在一些问题，表现在课堂教学和教学实效性方面。造成这些问题的原因之一就是没有科学的教学质量评价标准和评估体系。为了更科学有效地开展思想政治教育，就应该建立科学合理的思想政治课教学质量评价体系，通过这个体系的应用提高教师的工作热情，提高学生的学习积极性和主动性。

3. 思政课教育教学质量评价体系的现况

目前，我国思想政治课实施新的课程方案，为了科学有效地对思政课进行管理，教学质量评价的重要作用就此体现。现有的评价体系重点关注课堂教学质量的评价，却忽视了其他教育环节的评价；注重对学生考试成绩的评价，却忽视了对学生综合素质能力提高的评价。除此之外，还有一些问题值得注意，下面就几个具体的方面进行分析。

（1）重视程度不够。一般情况下，学校对思想政治课教学质量的评价采用总结性评价方法，并且将注意力放在评价结果上，这无法全面地体现思想政治教师的价值，从而会对他们的教学质量做出不科学、不全面的判断，进而会影响教师工作的积极性。同时，进行判断的方法和指标存在一定的问题，并不是标准化的，这就影响了教学评价的客观性。这样的评价方式很难起到激励教师工作的作用。此外，教师间的评价也存在不客观的情况，往往本着"互利互惠"进行评价，却忽视了教学评价的真正意义。专家评价相对客观，但通过一两堂课就对教师的教学质量进行判断，使得专家的评价更多地本着谨慎的原则，评估往往出现严重的趋同性结果。

（2）反馈与沟通渠道不畅。比如学生评价，教师得到的反馈往往只是得到一个评价分数，却无法得到学生对自己教学的具体评价，而这种反馈对教师提高自己的教学水平并没有什么作用。目前的评价反馈与沟通存在不顺畅的问题，使评价工作流于形式。教学评价后的反馈和沟通是个双向的过程，通过双向沟通和反馈可以使教师对自己的教学效果进行深入研究，将多种评价进行比对，从而提高自身教学水平和教学质量。

（3）科学性和可操作性有待提升。思想政治教育的目标比较抽象，根据这个目标制定的思想政治教育实践和教学评价目标想要做到科学、具体、可操作性强具有一定的难度。统一的评价指标在进行统计时比较易于操作，易于量化，但这种固定的评价指标不能准确反映不同教师的教学优势和特色，往往会导致教师在教学中只注重以教学质量评价的设计指标去规范教学程序，却反而限制了自身教学自主性和探索的积极性，这不利于教师建立个人教学风格和青年教师的成长和发展。

（4）缺乏连贯性，评价方法相对单一。一般情况下，一学期才进行一次教学评价，反馈并不及时，并且仅将评价分数或等级结果告知教师，缺乏连贯性分析，并不能客观、真实地反映教师的教学水平，这种空泛的教学评价对教师的教学水平提高并没有太大作用。

（二）高校思想政治教学评价变革

1. 大学生思想政治教育有效性评价变革的前提

（1）强化评价手段科学性与可操作性相结合的原则。进行思想政治教学评价时，应该结合现代化的互联网信息技术，在传统教学考评的基础上，建立信息化教学评价平台，将定性事实评价与定量评价相结合，更为全面地进行数据统计与整理，加强教学评价手段的科学性与可操作性的结合。

（2）坚持评价指标体系定性与定量相结合的原则。为了更为简单直接地进行教学评价考核统计，应该尽量量化评价指标，对于那些不可以量化的评价指标应该通过评估专家提供的相关材料进行评定。对思想政治教育教学进行评价的内容包括思想政治教育教学过程、思想政治教学客体的反映、思想政治教育教学的社会效果等，通过定性与定量相结合对这些内容进行处理，从而对思想政治教学进行科学合理、公平公正的评价。

（3）坚持评价过程与评价导向相结合的原则。基于有效性提升为目标导向的高校思想政治教学评价改革，应该从思想政治教育教学的核心与关键进行教学评价，为了提高评价的针对性，设置相应的评价指标，同时应该加强评价结果的调节性与导向性，这样可以使教学评价对象对自身教学工作进行更为清晰的了解，帮助他们明确接下来的教学目标和方向，方便他们对当前的教学内容和方式等方面进行改进，建立评价和诊断相结合、评估和导向相结合的评价体系。

2. 大学生思想政治教育有效性评价变革的重点

首先，对大学生思想政治教育边界的突破。长期以来，人们一般会认为大学生思想政治教育工作仅仅是属于高校的教育教学职责，但随着时代的不断进步，除了高校以外还有其他的教学主体存在，这种传统思维方式会导致思想政治教学评价有局限性，使人们对教学评价的视线仅仅放在高校身上，而忽略了其他教学主体。随着互联网信息技术的不断发展，互联网与教育的结合产生了许多新兴教育产物，如虚拟大学。虚拟大学是建立在互联网信息技术上的全新教育机构，打破了传统高校在物理、地理以及心理上的诸多边界，具有了与传统高校完全不同的特征。因为这种全新的教育形式的出现，传统的教育边界发生了变化，教育边界已经不能用简单的高校界定了，与此相对应的是，思想政治教育边界的概念也发生了变化。为了更科学合理地进行思想政治教学评价，就应该用全新的视角去界定教育边界，用更加开放和开阔的视野去看待和处理在思想政治教育教学中出现的种种问题，并在此基础上再进行教学评价。

其次，对评价主体单向方式的突破。构建以有效性提升为目标导向的大学生思想政治教育评价方式，这就要求与思想政治教育教学相关的各个主体充分发挥其各自的功能定位，这其中不仅包括相关党委、政府、高校，还包括家长、学生及其他社会群体，在进行思想政治教学形成性评价时，要尽可能发挥开放与交互式评价主体的能动作用，保证思想政治教学总结性评价是各个教学评价主体评价结果的有效统一整合。

最后，对评价方式过多依靠文字材料方式的突破。在传统的思想政治教学评价中，一般都采用文字材料的方式作为评价依据。一些教学评价对象可能会为了获得较好的评价结果而在评价材料上作假，这就会导致评价结果无法保证公平公正，评价对象的真实工作水平、能力以及效果不能得到正确反映，也使得教学评价变为无效的评价，大大降低了教学评价的可信度。互联网信息技术的发展，为大学生思想政治教育评价进行方式与方法的改革创新提供了有力的支持。现代化的互联网信息技术具有互动性和实时性的特征，通过这种技术可以帮助教学评价主体实时掌握评价对象的教学情况，这种考查方式可以改变传统意义上仅靠各类文字材料进行的评价方式，使评价更具有效性。

3. 大学生思想政治教育有效性评价变革的路径

（1）推进准确把握评价对象和适用范围。相较于一些西方发达国家，我国的互联网信息技术起步时间较晚，但我国的互联网信息技术发展速度迅猛，目前我国的信息化程度相较以前已经有了飞跃式的提高。为了推进教育发展，并保证教育的与时俱进，符合当今时代特点的教育就应该实现教育信息化。经过了一段时间的高等院校信息化基础设施建设，我国高等教育信息化已经初具雏形，目前相关部门面临的最大问题就是如何科学合理地使用这些信息系统。高校教育信息化十分重视思想政治教育教学方面，对其有效性评价必须符合当前高校信息化建设水平与阶段，要保证评价与现实的匹配，并根据区域的不同，进行有差别的信息化建设，准确把握评价对象和适用范围，这样才能保证对思想政治教学工作起到正确有效的引导作用，保证获得科学合理的教学评价。

（2）推进科学设置指标选项和评判标准。科学有效的教学评价具有导向性功能，可以引导评价对象的行为方向，这样的教学评价帮助教师对自己的教学工作进行反思与改进，可以提高他们的教学水平和教学效果，可以激发他们的积极性与主动性。同时，在设置评价的指标选项和评价标准时，应该依据信息化条件下高校内外生态环境的变迁，以及高校自身的功能定位。结合各个方面制定评价指标选项与评价标准，以此确保其全面性、系统性和科学性。除此以外，还应该考虑指标选项和评价标准的可操作性，因为在推进和落实教学评价体系的过程中，可操作性是十分关键的环节，这关系到高校教育信息化的实际应用情况，高校思想政治教学评价框架会在此基础上进行搭建。

（3）推进有效遴选评价实施路径。进行问卷调查，通过定期或不定期的抽样调查了解和把握大学生思想政治教育工作的过程以及效果，了解评价对象教学工作的情况以及效果；可以组织相关专家组建专家组，定期或不定期地对评价对象进行实地查访，对思想政治教学实践工作中遇到的问题进行诊断并提出相关完善改进的措施方法，落实专家提出的整改措施后，专家组再进行回访，了解教学工作的改进与落实情况。

第二节 "互联网+"背景下高校思想政治学习体系变革

一、"互联网+"背景下高校新生入学教育

（一）新生入学思想政治教育的重要性

大学新生入学教育这个过程应该与人才培养、教学设计等多种教育内容融为一体，形成系统模式。新生进入大学后，会有一个新的学习和生活适应过程，面对新校园、新环境、新人际，新生要及时更新自己的空间支配。进入互联网时代，通过互联网平台的及时交流，可以让新生直接感受老师的关注、同学的关心，尽快转换新生的角色，建立新的人际关系，为今后的专业学习和技能培训奠定良好的基础。

由于大学新生地域不同、成长教育环境不同，因此个体也就存在差异，在专业知识、专业技能和适应心理等方面也呈现多样化。因此，要把握好新生入学教育中社会主义核心价值观的教育。大学新生进行社会主义核心价值观教育，要以教育规律为前提、以学生需求为出发点、以学生的接受能力为基础，将社会主义核心价值观的教育内容渗透到新生教育和管理的各个环节。

（二）新生入学思想政治教育的环节

一是引导教育环节。引导教育包含引导新生了解大学和大学精神，培养新生独立的学

习习惯，最终通过引导满足新生的内心需求，使得新生顺利开展、完成过渡期的学习和生活。引导教育包含共性引导和分类引导，新生教育要将共性引导和分类引导相结合，特点互补。

二是专题教育环节。专题教育包括安全教育、学生手册教育、专业教育、大学文化教育等专题，时间集中在新生入学后的一个月左右开展。一般由学工部、宣传部、教务处等多个部门面向全体新生开展，主要是给新生讲解生动的案例，考虑的是学生的需求、特点及喜欢的沟通方式，通过专题教育切实达到教育的有效性，并注重说教和实践的有效结合，利用开放式的交流方式，注重被动受教与主动求知相结合。

三是励学教育环节。在入学教育过程中，发挥学科带头人对新生专业的引导作用；根据高校自身的专业特色，开展不同层次、不同类型的科技竞赛活动，为新生开展学术研究活动提供良好的平台，大力培养新生的创新和实践能力；开展励学教育的专题培训讲座，从培养新生的研究精神出发，为新生提供科研基础和科研能力方面的指导和帮助。

四是养成教育环节。在新生中进行养成教育，要充分利用"互联网+"，建立数字化校园，将微信、微博等新媒体与思想政治教育联系起来，吸引新生关注、交流，成为学生受教育、长知识、增才干的德育新阵地；依托辅导员日常教育工作，为学生提供专业化、个性化的发展辅导内容，帮助新生合理规划专业学习、提升综合素质和个人能力。

（三）新生入学思想政治教育的模式

一是思想引领。通过对新生进行思想政治教育，帮助他们树立正确的人生观、价值观和世界观，这一过程要充分发挥思想政治教育工作者的引领作用。其中辅导员作为思想政治教育工作者中最重要的力量，要积极开设针对性强的辅导课，大力开展人生观、价值观、世界观、社会主义核心价值体系、道德品质、人格等的教育活动。

二是专业介绍。发挥知名教授的光环效应，通过"开展学科带头人第一堂课"，使新生可直观地了解本专业学习方法、就业方向、成功就业应具有的素质和能力等，使新生初步建立专业兴趣，为今后的专业学习打下良好的基础。发挥任课教师的引导作用，优秀的教师通过精彩的授课内容、新颖的形式、人格魅力等因素吸引着新生对知识的渴望。因此，加强任课教师的师德教育、提升其业务能力对高校新生的入学适应教育有着重要意义。

三是朋辈教育。在新生教育模式中，重视发挥学长作用的学长制。新生与高年级学长开展对接，实现引导、帮助和交流沟通，这样可以使新生与学长之间进行无障碍沟通，使新生能够及时掌握专业学习的基本规律，还可以使新生在最短的时间内熟悉大学生活和人际交往环境，能迅速开始新的生活，全身心地融入新的大学环境。

四是关怀服务。在新生适应大学生活过程中，家庭成员起着重要的作用。一方面，高校教师要及时与家长进行沟通，汇报新生在学校的基本情况，与家长在学生适应教育和专业发展的问题上取得一致意见；另一方面，高校教师要及时与家长进行新生心理适应程度的沟通，及时交换信息，借助互联网形成家校联动合力，新生一旦出现问题将及时得到家庭的关注和鼓励，获得家庭情感上的巨大支持。

五是领航服务。"互联网+"给人类社会的资源重组提供了非常大的便利，使各高校可以依据各自的实际情况和特色进行管理。

二、"互联网+"背景下高校思想政治师生"移动互联"

互联网拥有自由开放性以及可选择性，反映出当今以学生为主体的高校管理模式，突出以学生为主体的师生"移动互联"模式，有助于充分地调动学生的主观能动性，通过师生"移动互联"，充分体现大学生在学生管理工作中自我教育、自我管理的本质特征。

（一）师生"移动互联"的平台

一是充分使用"多人即时"通信方式。教育工作者利用互联网等新兴媒体，运用师生移动互联的方式开展高校学生日常思想教育，例如，开设辅导员信箱，开设专业公共邮箱，设立班级QQ群、微信群，设立微信公众账号等，能够保证及时、有效、广泛地为学生解决日常思想问题。同时，辅导员、班主任不仅可以有效利用各类QQ群多人在线聊天即时通信的方法，在QQ群上征求一些学生意见、组织学生进行学习讨论，让会议的每个参与者都能够畅所欲言，发表自己的看法，还可以充分利用聊天工具所开发的聊天记录、图文资料的保存和漫游功能。

二是充分利用互联网平台。通过互联网平台和新媒体，学生可以及时收到学校所发的相关信息，有效地提高了高校学生管理的工作效率。互联网的信息发布利用欢快易懂的内容和形式宣传校园文化，让不同校区、不同专业班级的学生能及时了解学校的最新活动内容及活动成果，营造融洽的校园氛围，也使更多的学生可以直接参与其中。

（二）师生"移动互联"的形式

一是思想互通，增强日常思想政治教育工作的深入性，做好学生日常思想政治工作，有助于形成良好的班风、校风、考风、学风,既有利于学生全面素质的发展,也有利于大学生实现成才的目标。在新形势下,关心学生关注的热点问题,捕捉学生思想上的闪光点,学生管理工作要在渗透性、针对性、灵活性方面不断完善和加强。

二是工作互通,增强日常思想政治教育工作的辐射和影响。互联网的广泛性和跨越时空性的特点,延伸了高校学生管理工作的空间,增强了学生管理工作的辐射力和影响力。由于互联网覆盖面广,可以利用此优势,为学生管理工作提供丰富的资源,扩大学生管理工作领域,为高校学生工作提供新的开放性环境和广阔的空间。

三是师生互联,增强日常思想政治教育工作的时效性。互联网信息具有快捷性和即时性的特点,这提高了学生管理工作的效率,增强了学生管理工作的时效性,从而大大提高了高校学生管理工作中信息资源的利用率和工作效率。

四是拓展高校日常思想政治教育工作的新渠道和新手段。互联网信息形式具有灵活性和互动性,拓展了高校学生管理工作的新渠道、新方式、新手段,加强了高等学校学生管理工作的实效性和针对性。这种多媒体技术学生管理工作带来全新的变化,改变了高校学生管理工作传统方式和手段,达到了最佳的思想政治教育工作效果。

(三)师生"移动互联"的特点

一是"私人定制",有针对性地进行思想政治教育的引导与诉求。一方面,引导大学生走出自己的理想世界、走出高校的圈子,到社会上获取更多的知识体验、情感体验、生活体验、工作体验;另一方面,引导学生进行自我反思、自我觉醒,形成比较接地气的世界观和人生观。"私人定制"交流体验的深入,使思想政治教育工作因人而异、因事而异、因时而异、因势利导,使学生与教育者双方都从传统的工作方式方法中走出来,真正像客户与服务商一样,调动两个方面的积极性,发挥双方优势,注重启发和培养学生自我管理的意识与能力。

二是媒体方式的互动,线上线下的体验与连接。当下各大高校的官网基本是公告性质的信息,一方面,公告的信息不能满足学生的需求;另一方面,无法实现线上和线下的媒体互动交流。建立系统有效的高校互联网管理体系,是实现师生互动的新方式。

三是移动互联,微信连接师生。将"互联网+"与学生工作相结合,可以运用当前最为流行的微信作为工具和媒介。微信分为私人微信账号和公众账号两种。微信的公众账号可以直接推送重要的通知消息到用户的手机,上传下达重要指示,提高工作效率。

四是改革创新,开展论坛教育。由于这种传递方式是由上而下的,而且不考虑受众是否能够有效接受，所以教育效果不理想。可以用引导、迎导式方法，通过某种论坛或者座谈去贴合学生的兴趣爱好，能让学生充分表达自己的想法，使学生与教育者有平等的地位，心贴心地交流。

总之，要将"互联网+"与传统思想政治教育方式相结合，新媒体与传统媒体相结合，打造互动、立体式思想政治教育新模式。另外，传统媒体与新媒体的互动，让信息置于互联网的讨论中，有利于形成双赢的局面。

（四）影响师生沟通的因素

在实际的教学过程中，师生之间的沟通仍然存在很多问题，师生沟通的不顺畅会对教学的效果造成较大的负面影响。

1. 师生沟通肤浅

从师生沟通交流的深度来看，在当前的师生沟通中，教师并没有真正认识到沟通对教学的作用。在教学过程中，教师只重视对学生知识的传递，而忽视了师生间的沟通交流。有时候，教师会在课堂教学的过程中设计一些问答环节，但是，教师所提的问题其实是"假"问题，学生不需要动脑筋，甚至可以在思维游离于课堂之外的状态中轻松应对。师生之间仅仅是在进行很肤浅的互动，谈不上思想的碰撞。

2. 教师喋喋不休的"沟通"

由于教师的职业特点以及教师对自身职业角色的传统定位，很多教师在与学生进行交流和沟通时，不经意地带有命令的、警告的和训斥的口气，如"学生的任务就是学习""老师说你，是为你好"等。这样做不但不能使学生真正理解教师的苦心，反而会让其对教师产生反感，导致学生对教师的教育教学产生一种逆反心理和抵触情绪。这时，学生只能处在一种被动的位置，我们所听到的只是教师的想法、观念，而没有听到学生自己的真实想法。

3. "区别对待"的沟通

在应试教育占主导的状况下，教师会更多地关注学习成绩较好的学生，会对学生进行分门别类，有"区别地对待"不同的学生，主要表现为：教师与不同学生沟通的频率上不同，更愿意与一些学习成绩较好的学生或者班干部有较多的信息沟通和分享；教师在与不同的学生进行沟通时，所采用的语言方式存在很大差异，对学业较好的学生，更倾向于采取民主的、肯定的和充分考虑学生个性的言语表达自己的观点，也表现出更多的耐心。

4. 师生沟通程式化

在传统的教学观点中，一直以教师为教学的中心，教师是课堂的主宰者，掌控着整个课堂教学的发展和进程。课堂上，师生之间的沟通是教师预先设计好的程序，学生必须按程序沟通，教师不能容忍学生对沟通程序的扰乱。在这种程式化的沟通中，学生成了教师教学的道具，其任务是跟随着教师的思维，配合教师的教学工作，学生在这样的教学沟通中失去了自己思考的空间。实际上，在教育教学中，教师是主导地位，但是这并不意味着一切以教师为中心。

5. 师生沟通矫揉造作

在师生教学沟通中，教师总是按照自己设计的程式化的方式与学生进行沟通，以自己的思维、自己的语言、自己的价值观念等来取代学生的，忽视了学生自己真实的感受和体验。在以教师为中心的教学过程中，学生只能去迎合教师的想法和说法，"配合"教师的教学工作，放弃了自己的需要和最真实的想法与感受，缺乏真实情感的沟通。

6. 师生沟通中存在误解与歪曲

师生沟通中经常存在误解与歪曲，原因是：学生不愿与教师沟通或故意与教师作对；教师不了解学生已掌握的知识，仅仅按照自己的设想进行沟通；师生之间存在知识背景的差异、文化的差异等。

如果出现误解和歪曲的情况，教师与学生之间的沟通与交流就会无效，从而使教学目的无法完成。因此，教师在与学生沟通时，一定要事先考虑学生的知识储备、文化差异和学生的情绪状态等方面的因素。

三、"互联网+"背景下大学生日常思想政治教育

大数据时代促使信息传播主体理念发生了深刻的变化，开始以更加全面的角度来观察事物、理解事物和记忆事物，使传播更加符合受众选择性注意、选择性理解、选择性记忆的信息接收规律，从而达到精确有效的传播目的。

互联网环境的变化对大学生日常思想政治教育产生了重大影响。首先，互联网为大学生日常教育带来了机遇。互联网海量的信息为一线工作人员提供了巨大的资源信息，拓展了大学生日常教育工作的信息。网络让高校教育更加有活力和趣味，打破了空间限制，改善了高校师生的交流模式，更好地落实了思想教育工作。互联网使大学生提高了社会化程度，为学生提供优质的社会实践环境，从而让他们了解和认识自我，从实践中找到自己

发展的方向。其次，互联网使大学生日常教育面临挑战，师生对抗不断加深。互联网使大学生在复杂的信息环境下成长。网络使大学生个体行为有所改变，继续发展会日趋严重，沉迷在网络尤其是网络游戏中对大学生的心理健康造成巨大的伤害，甚至使大学生"三观"扭曲，道德底线下降。

在学生日常教育中思想政治教育应该发挥隐性教育潜移默化的育人功能和熏陶作用。第一，加强党团组织建设，发挥组织引导作用。坚持社会主义核心价值观，贯彻执行"早发现、早培育、早培优"的原则，努力提高在校大学生党员的质量，发挥其在推进社会主义核心价值体系建设进程中的重要作用。坚持理论育人、实践育人、典型育人，对社会主义核心价值观进行深入宣传，引导学生党员和积极分子学习社会主义核心价值观精神实质，做到知行合一。第二，开展社团实践活动，发挥自我教育作用。这既满足了大学生自我认识、自我教育、自我完善的内在需要，又使思想政治教育更具有吸引力，可以更好地实现思想政治教育的目的。第三，加强班级文化建设，营造良好环境氛围。以社会主义核心观教育为主题，通过班会结合宣讲、辩论赛、时事政治探讨等形成社会主义核心价值观教育的积极氛围。第四，加强实践锻炼，增强积极践行社会主义核心价值体系的自觉性。第五，开展中华优秀传统文化教育活动。

第三节 "互联网+"背景下高校思想政治人才培养体系变革

一、思想政治教育促进创新人才培养的途径

（一）重视创新能力培养

高校要立足本校的思想政治教育，积极推动思政课教学改革，要积极创新思政课程的教育形式和方法，激发学生的思政学习热情和兴趣，提升思政课程对于学生创新能力的培养作用。例如，在思想政治理论课上建立研究小组，设计如高校新生学生理想信念研究、高校学生价值观研究等课题，组织学生进行深入调研和有效探索，旨在使学生树立正确的人生观、价值观，并不断增强学生分析问题、解决问题的能力，培养学生科学的思维方式

和对学术研究的热爱。

通过思政专题活动开展，让学生积极参与思政相关的课题研究，从实地调研中探索思政课程的创新内涵。思政课有关课题设计和学生的积极参与使学生们自主研究现实问题的能力得到有效提升，同时也进一步使学生们树立社会主义核心价值观和核心价值体系。

（二）开拓创新教育发展路径

高校要深入推进教育信息化工作，构建思想政治教育的网络化、数字化、个性化、终身化教育体系，建设每个人皆学、处处能学、时时可学的学习型社会，提高人才培养质量，引领提前实现教育现代化。要求发挥信息技术对教育的革命性影响，推动教育教学模式和学习方式的变革，深化信息技术与教育教学的融合，以融合促创新、以创新促发展。通过探索建立政府主导、学校主体、企业参与、协调共建的教育信息化开放合作新机制，在教育信息化应用方面形成优势和特色，促进教育信息化发展的同时，推动新技术、新理念在学生中的传递，激发学生的创新思维。

高校要打破学校、行业、学科界限，实现跨校选课、泛在授课和学分互认，形成可供学习者多样化选择的虚拟学习、实验、实习和实践环境。打通各级各类教育资源共建共享渠道，整合和开发各类数字教育资源，开展网上"学分银行"试点，满足个性化终身学习需求，推进学习型社会建设。通过创新的应用信息化开展思想政治教学，还可以安排学生进行信息化思政课件的制作和演示，通过创意的信息化思想政治课程设置和推进，让学生的创新意识得到锻炼，创新能力得到培养。

（三）促进学生创新能力发展

目前，高校的创新创业教育工作正在积极开展中，创新创业教育对于培养大学生的创新能力具有重要意义，思想政治教育要培养学生的创新能力，可以结合创新创业教育，进行课程的教育融合，推动创新人才培养。对此，高校要结合学校的"双创"现状，提出进行教育改革的计划和实践要求。要做好"双创"教育，加强思想政治课程及专业课程与创新创业教育的融合发展，切实培养学生的"双创"精神，必须制订切实可行的人才培养方案，完善"双创"课程体系。

因此，学校必须要有明确的改革思路，包括：完善人才培养质量标准、创新人才培养机制、健全创新创业教育与思想政治教育相融合的课程体系、改革思想政治教学方法和考核方式、强化创新创业实践、加强思想政治教师创新创业教育教学能力建设、改进学生创业指导服务、完善创新创业资金支持和政策保障体系、利用思想政治教育促进校园创新创业文化建设等。

总之，高校思想政治教育工作要进行改革和创新，以培养创新人才为教育目标，积极探索思想政治课程教学创新的有效路径，针对学生的创新能力现状和学校的创新教育实践，积极探索思想政治课程创新教育的有效实现途径。

二、思想政治教育与创新人才培养的教学策略

在高校思想政治理论课教学中，必须始终把思想政治教育与坚持正确的政治方向放在首位。同时，在建设创新型国家的时代背景和国际人才竞争的大格局下，社会更加需要高素质的创新型人才。高素质的创新型人才，不仅思想政治素质要高，创新素质也要高。如何增进思想政治理论课教学在创新人才培养中的实效性，这既是一个重大的理论问题，又是一个重大的实践问题，需要教育工作者做进一步深入的思考和探索。

（一）建设思想政治教育教学科学化道路

教学模式的创新，离不开教学手段的创新。教学模式的创新，需要依靠先进的教育技术，尽可能熟练地掌握和运用一切现代化的教学手段，尤其是多媒体和网络辅助教学平台，坚持走教学科学化的道路。

1. 加强与改进多媒体教学

加强多媒体教学，不仅可以为思想政治理论课教学提供形象生动的素材，把学生从枯燥、乏味的记笔记、整理笔记、背笔记、考笔记中解放出来，激发他们的学习兴趣，调动他们的学习积极性和主动性，增进教学的实效性，而且可以增大单位时间的教学信息量，提高教学效率，既节省了教师讲授的时间也节省了学生学习的时间，取得事半功倍的效果，从而为各种创造性活动的开展提供了可能。

但在目前的多媒体教学中也出现了一些值得重视的新问题：第一，无论教师还是学生，都不能过分依赖于多媒体，否则，便无创造性可言；第二，课件的设计既要以教育部组织编写的马克思主义理论研究和建设工程重点教材为基本遵循，对应教材的逻辑结构和章、节、目，具有严格的科学性和高度的统一性，又要致力于教材体系向教学体系的转化，还要符合学生认知规律；第三，所有文字、图片、声音、视频的选用及界面设计、色彩搭配都应本着简明实用的原则，既能充分利用多媒体强大的教学辅助功能，图、文、

声、像结合，增强教学的直观性、生动性、趣味性，又要避免因为过于繁杂和花哨而冲淡思想政治理论课本身应有的理性、反思、批判的学科特质；第四，课件的设计不能过于详细、具体，否则，学生就没有了创造性思考的空间。

2. 加大网络教学的力度

创新人才的培养，教师应发挥主导作用。但学习创新知识，从事创新活动的主体是学生，而不是教师。这就要求思想政治理论课教学必须以学生为本，充分发挥学生学习的主动性和自主选择作用。否则，教学的实效性便无从谈起。就目前而言，学生对思想政治理论课的学习主动性是不容乐观的。首先，虽然大学生从小接受思想政治理论的灌输，但一部分人却始终没有真正领会思想政治理论的真精神，因而对思想政治理论课产生了许多先入之见；其次，绝大多数大学生都是通过高考直接考进来的，从学校到学校，对社会了解很少，这影响了他们对理论性知识的理解能力；最后，面对商品经济、市场经济大潮的冲击，面对越来越大的就业压力，一些学生容易思想浮躁，因而对理论性的知识缺乏足够的兴趣和热情。

（二）营造教学中和谐融洽师生关系

教与学作为一对矛盾，双方既相互差异、相互对立，又相互联系、相互统一。双方的相互差异和对立是多方面的，其中，最主要的是双方在地位与作用上的相互差异和对立。对于学生的成长成才而言，教师的主导作用和学生的主体作用是不同的。只有和谐融洽的师生关系，才能推动教学活动的正常开展。

1. 思想政治教育课程中师生交往存在的问题

目前，思想政治理论课教学中，教师与学生之间的交往存在着一些倾向，影响到教师主导作用的发挥，又严重影响到学生主体作用的发挥，主要表现在以下方面：

（1）师生交往的简单化、片面化。随着高校扩招和高等教育大众化时代的到来，学生的层次、兴趣、爱好、要求等各方面都日趋复杂化、多样化，例如，有的学生想学习、又比较自觉，不希望教师管得太多；有的学生想学习，但自觉性较差，希望教师能加强管理。因此，究竟该如何把握管与放、严与松这个度，许多教师不知如何解决。

（2）师生交往的和谐统一。在许多教师的教学中，教材、教师具有权威，教师始终居于教学的中心地位。师生之间的交往主要表现为教师对学生进行训导、劝诫和规范。以教师为中心，以教材、教师为权威的师生交往，不利于学生积极地、创造性地去掌握新的学习方式，不利于学生主动学习习惯的养成，不利于学生主体意识的觉醒和主体人格的完善。

2. 思想政治教育课程中师生交往方式的创新

师生交往方式的创新，需要充分认识到：教师与学生之间的交往是全面的、综合的人与人的主体间的交流活动，而不是片面的、单一的理论知识和认识的堆集，更不能出现师生关系淡化和疏离的倾向。只管上课，不关心学生的生活世界；只管课堂上的几十分钟，没有课堂之外的交流；只管上某一方面的课，不关心学生的全面发展；在这些情况下学生的思想政治教育课程不可能取得好的教学效果。

在教学过程中，一方面，教师要特别注意自身言行，自己对学生的态度，自己的品德修养、知识水平、性格特征、兴趣爱好等对学生都有潜移默化的影响；另一方面，教师要密切关注学生的生活世界，要充分利用电话、手机短信、网络辅助教学平台、校园邮件等各种让学生既有安全感又方便快捷的沟通渠道与学生交往，深入地了解和研究学生，掌握他们的认知水平、学习态度和思维方式。师生交往方式的创新，需要充分认识到在教学过程中，教师具有主导作用，学生应虚心接受教师的引导和指导，主要表现在以下方面：

（1）消除教材、教师的权威意识。除基本原理和基本方法外，应尽量减少束缚性条件，允许和鼓励学生怀疑教材和教师讲的东西。即使学生提出的某些问题及某些想法是错误的，教师也要从积极的方面加以引导，鼓励学生多方面、多角度地思考问题。同时，教师还要善于解答学生所提出的问题或引导学生自己寻求答案，对与课堂教学直接相关的问题要靠认真备课来回答，对离课堂教学较远的问题，要讲明理由并约学生课外来讨论；对自己确实不知道的问题，要敢于承认，并积极准备尽快做出解答。如此，学生提出了不同意见还受到教师的重视，学生保留了意见还得到教师的尊重，心里会产生愉快的感觉，而这种愉快的情绪体验将使他们产生更大的创造热情。

（2）打破教师的中心地位。传统的居高临下的教师地位在课堂教学中应逐渐消失，取而代之的是教师走到学生中间，与学生平等对话与交流。过去由教师控制的以教师为中心的课堂教学的那种沉闷和严肃氛围必须被打破，取而代之的是以学生为中心的师生互动、共同发展的真诚和激情。例如，在课堂讨论时，为了平等地对待学生的各种想法，教师必须让自己摆脱所有先入为主的做法，停止所有的假设，让学生自己去发现问题，自己提出解决问题的方案；当学生提出自己的想法之后，为了让学生敢想、敢说、能说，使师生在思想、情感与认识上得到充分直接的交流与共享，教师应停止得出所有的判断。

（三）培养学生创新探究与实践能力

创新探究能力包括独立收集信息和处理信息的能力、创新思维能力，创新实践能力即实际分析问题、解决问题的能力。为培养学生的创新探究能力和创新实践能力，思想政治理论课需要在以下三个方面进行教学方式上的创新。

1. 培养学生独立收集和处理信息的能力

创新探究能力的前提是信息收集和处理能力。这种能力对于处在知识经济时代的创新人才而言显得尤为重要。目前人们处于知识经济时代，知识的更新换代很快，当知识在量上急剧增长的同时，知识的获取途径也日益多样化。传统的学校教育已经不再是知识传播的唯一途径，高科技时代的电子传媒工具，如计算机、手机及信息高速公路、多媒体、电子图书馆、电子出版物、远程教育等也已成为青年学生获取科技文化知识的重要途径。

面对知识量的迅速增长和知识获取途径的日益多样化，最重要的就是实现由讲授为主向讲授与自学相结合的教学方式转变，重点培养学生独立收集信息和处理信息的能力，使之掌握有效的学习方法，养成良好的学习习惯，培养浓厚的学习兴趣。

2. 培养学生的创新思维能力

创新探究能力的核心是创新思维能力。实行启发式教学，有利于提高学生学习的主动性和积极性，有利于引导学生深刻感受、理解知识的产生和发展过程，有利于引导学生运用所学知识独立地发现问题、分析问题、解决问题，是培养学生的创新思维能力的有力措施。在启发式教学中，教师应着重做好以下三个方面的工作：

（1）要努力创设一种活泼而宽容的教学氛围，引导学生自觉排除先入之见、成见和偏见，为创新思维创造条件。在教学过程中尤其是马克思主义理论教学过程中，很多问题是学生早有先入之见甚至是早有成见和偏见的问题。对于这类问题，如果教师进行直接的、正面的灌输，会激起学生极大的排斥和对立情绪。因此，教师应努力创设一种活泼而宽容的教学氛围，让学生各抒己见，充分发表自己的看法。待学生充分发表意见之后，教师再作适当的总结和梳理，但不是以最终评判的形式，而是以并列的形式表达自己的看法，引导学生自己做出正确的选择。

（2）引导学生对自明性的东西进行反思、追问和探究，培养创新思维的习惯。在教学过程中尤其是马克思主义理论教学过程中，很多问题好像是不证自明的，是常识性的、熟知的，因而学生很难发现问题。而不能发现问题恰巧是最大的问题，因为熟知并非真知。为此，教师可以列举一些俗语、谚语等看似自明性的研究素材，看看学生能否自己发现问题，教师再做适当的引导。例如，讲联系的观点时，学生觉得这个话题很熟，没有必要再听，而实际上，他们并不真正理解联系观点的重要性。为此，教师可以列举一些相应的例子，对其进行具体分析，这样学生肯定会对联系观点的认识有所转变。长此以往，学生便会对一些看似简单的问题产生浓厚的兴趣，养成创新思维的习惯。

（3）引导学生深刻感受和理解知识的产生和发展过程，把握创新思维的基本步骤。在教学过程中尤其是哲学教学过程中，很多问题是学生非常感兴趣但又容易引起思想混乱的问题。对于这类问题，教师应充分调动学生的学习积极性和主动性，让他们自己去收集和整理素材，自己去得出结论，教师只要在研究角度和方法上及时引导便可以。为了避免学生在学习中产生思想混乱，在教学中，教师可以放手让学生自己去买书、借书、看书，自己去得出观点。待学生都提出自己的看法之后，教师再做适当的梳理和总结。这样，有利于引导学生深刻感受和理解知识的产生和发展过程，把握创新思维的基本步骤。

3. 培养学生实际分析和解决问题的能力

实践教学是为配合理论教学，培养学生创新实践能力即实际分析问题和解决问题的能力而设置的，最富有活力、最富有创造力的教学环节，它有利于调动教学双方的积极性，激发创新灵感，因而是推进思想政治理论课教学改革和培养创新能力不可缺少的环节。

课内实践教学的具体形式多种多样，概括起来，主要有两类：第一，课内实践教学在班级授课时进行。在原有教学时数不变的前提下，通过教学方法和教学手段的改革，提高教学效率，节约理论教学时数，用于开展课内实践教学。第二，课内实践教学，可让学生在认真听讲之后，在教师的指导下查阅有关研究资料，选择一个主题，撰写读书笔记或小论文，开展课堂讨论和辩论，达到开阔学生思路，扩大知识面的目的，激发学生主动学习、大胆探索、勇于创新的精神。

课外实践教学在课堂教学之外进行。在原有教学时数不变的前提下，在确保教学质量的同时，减少理论教学时数，用于开展参观访问、调研考察、大学社团活动等社会实践活动。参观访问、调研考察就是要求学生利用节假日到贸易集市、商店、工厂等进行调查，运用所学理论分析调查中遇到的问题，写出调查报告。大学的社团活动不仅是学生学习社交与公共关系的重要途径，也是学生学习创业所需的仪态、口才、组织、协作、资源利用、领导才干等的重要途径。课外实践教学的最好形式是社会调查。

在课堂教学的基础上，在学生初步掌握基本理论知识后，通过深入社会实践，调查分析社会生活中的热点和难点问题，深入了解国情和社情民意，切身体验改革开放和社会主义现代化建设所取得的成绩和经历的挑战，坚定理想信念，坚持用马克思主义的基本观点、立场和方法正确认识和解决社会现实问题，真正做到学有所思、学有所悟、学有所用，能在世界观、方法论、人生观、价值观等方面有所提升，为创业活动打下坚实的素质基础和能力基础。

三、"互联网＋"背景下思想政治人才培养实践

在"互联网＋"背景下，需要开拓网络新视野，不断传播网络正能量，做好正确的网络引导，从而实现大学生人才培养目标。要把思政工作贯穿到教育教学全过程，要在工作中运用新媒体、新技术，将思政工作的传统优势同现代信息技术高度融合，增强时代感和吸引力。

（一）开展网络思想政治教育的必要性

1. 顺应当今大学生需求

当今在校大学生是新时代网络主力军，所呈现出的特征也不断变化，在接受专业课或思想政治教育时，更容易被形式新颖、以学生为本的教学方式所吸引。通过网络思想政治教育，利用微信、微博等平台与学生互动交流，实现从被动接受到主动表达的转变，降低学生对思想政治教育的抵触情绪，更容易及时了解学生的真实想法，从而有针对性地给予帮助和教育，做到因材施教。

2. 提升高校教育生命力

传统的教育模式已经不能适应当代大学生的思维，提升思想政治教育的生命力、改善思想政治教育的方式方法是至关重要的，具有亲和力的微笑、富有感染力的语言、走入学生内心的交谈，是对思想政治教育工作者的新要求。一方面，网络思想政治教育形式能够与学生无缝对接，在传播正面信息的同时，让学生不知不觉中接受教育，形成教育日常化；另一方面，相对于传统单向教学方式，网络思政可以提升教育的新鲜感，随时了解学生需求和动态，用学生喜欢的交流方式实现思想政治的深层教育，在潜移默化中提升学生的政治素养。

3. 舆论引导有效方式

在当今互联网信息的碎片化和多元化背景下，纷繁复杂的网络热点争抢着人们的关注度，突出舆论引导是思想政治教育回应时代的重要方式。作为新一代青年的大学生群体，拥有紧跟时代的创新性思维，无疑是培养创新人才的有利条件，但学生个性发展的前提是拥有正确的价值观念、积极向上的思维方式、清晰的网络辨别力，这就需要对网络舆论和思想进行正确的引导，这也是高校辅导员开展网络思政工作的目的之一。在网络接触中用学生喜欢的方式潜移默化地对其世界观、人生观、价值观进行正确引导，因势而新，做学生成长成才的引路人。

（二）影响网络思想政治教育开展的因素

1. 网络信息碎片化

新媒体时代的到来，让微信、微博推送等方式逐渐取代了纸质书籍，由于网络媒体具有多元化的信息来源及传播方式，使其所承载的内容十分丰富，涵盖了各种社会热点，这些信息具有碎片化、内涵浅、更新快等特征，影响人们的阅读时间，但简单易懂的碎片化内容更易被大众所接受与消化。一方面，碎片化阅读会降低人们对文字的认知和理解能力，特别是作为网络主力军的当今大学生，很容易就可以看到大量来自不同领域的话题，但也只是很快掠过，不会产生深度的思考和记忆；另一方面，在开展网络思想政治教育的同时，学生容易被碎片化的网络环境所吸引，从而很难达到网络思想政治教育原本的效果。

2. 网络信息泛娱乐化

随着网络时代发展的逐渐成熟，泛娱乐化现象在网络中体现得越来越明显。人们通过手机、计算机等新媒体被娱乐八卦所吸引，忽视了很多应该引发思考的热点问题，就像对一个明星出轨事件的关注度竟然会超过国家政策的出台。而这样的结果会逐渐影响大学生对社会热点的筛选和思考方式，在很大程度上降低大学生理性思考和分析的能力。新媒体的不间断推送，确实带动了网络社会的发展，也为忙碌的人们带来了便利，但也影响着大学生的阅读习惯，在一定程度上不利于他们的理性思考，缺失了传统检索功能中的思考环节。

3. 网络信息扩散化

各类网络媒介与信息传播的结合，为信息高速扩散提供了平台，网络信息的碎片化和泛娱乐化带来网络环境的开放性，每个人都有权在网络上发表所思所想，然而网络信息具有网状扩散性，很多事实在传播的过程中可能会被有意无意扭曲，从而形成强大的信息渗透和舆论引导，极易出现偏颇的现象。作为高校辅导员，需要保持对网络的敏感度和警惕性，通过跟踪学生在新媒体发布的动态，了解学生近期的思想活动，从而及时对其进行帮助，也是一种正确引导舆论的方式。

（三）利用网络开展思想政治教育的途径

1. 传播网络正能量，加强正确舆论引导

网络的影响力已经超越了广播、电视等媒介，成为反映社会舆论的重要载体，很大程度上在大学生主流群体中形成舆论导向。利用网络引导学生正确的舆论导向，传播思想的正能量，这是思想政治教育工作者首要任务。

一方面，在引领网络舆情中传播正能量。而对高自由度和碎片化的网络环境，需要在高校网络思想政治教育中率先引领舆论走向，在思想政治教育中不断地传播正能量，引导学生坚定树立主流价值观。利用网络进行思想政治教育，是学生乐于并善于接受的一种教育方式，让学生在浏览网络信息的过程中不自觉地接收到国家弘扬的主流思想。例如，当遇到一些校园事件被网络广泛传播时，首先要对网络事件的真相进行调查了解；其次通过学生对事件的关注度传播正能量，引导学生对该事件的正向思考，从而实现在引导舆论中传播正能量的学习效果。

另一方面，丰富网络思政的内容和形式，主要表现在：一是提升网络思政的内容品质，可以利用网络载体上传丰富的资源，开设实践学分课程，学生可以利用线上线下选择自己感兴趣的学习内容，培养自主学习能力；二是利用新媒体平台，发布与思政相关的文章或信息等，因势利导，让学生在浏览朋友圈的过程中潜移默化接受正能量的思想引领，同时通过评论或留言等传播思想动态。

2. 关注网络数据，掌握学生思想新动态

思想政治教育面临着网络时代的新形势，急需开辟网络发展新路径。在大数据时代，网络数据的透明化为高校带来了一定的便捷，利用好网络数据是当下把握学生实时思想动态的有效方法，主要表现在以下方面：

第一，关注网络动态。主要关注相关学生在网络上的状态，尽管朋友圈等公共自媒体平台上不一定能反映学生的真实状况，但进行长期关注，可以通过总结分析得出相应的结论，对思想政治教育工作起到一定的支撑作用。

第二，开展网络调查。例如，可以通过发放网络调查问卷、网络数据分析等技术手段，持续对学生在学校的言论发表、学习情况、宿舍生活、人际交往等方面的数据进行采集和分析，建立属于高校的学生思想动态数据库，不断对固定范畴的学生进行各方面的数据收集，为学生思想政治工作方法提供理论支撑及数据等技术支持，使思想政治教育更有针对性。

第三，着眼于新媒体平台。高校思想政治教育所构建的微平台是以新媒体技术为基础，整合先进思想教育内容，通过在师生间的广泛传播达到教化育人的目的。例如，对于微信公众号的运营，不能仅局限于发布正能量文章或新闻，可以将其打造成为一个综合性平台，建立献爱心平台、服务站等，通过网络新形势培养学生的优秀思想品质；还可以加入直播、微视频等当下最新的流行元素，提升其在学生群体中的吸引力，在线上互动中掌握学生的思想动态。

3. 发挥骨干作用，提高朋辈教育影响力

现如今，作为开展思想政治教育主力军的高校辅导员与学生的数量配比仍显不足，辅导员在完成大量事务性工作的同时，推广思想政治教育工作的形式在一定程度上受到限制。在这个背景下，朋辈教育的概念应运而生，逐渐成为高校思想教育工作的突破口。因此，如何更好地将网络思政与朋辈教育相结合，需要思想政治教育工作者的深入思考。

首先，培养朋辈教育人才。一是组建优秀班干部队伍，通过自入学来的表现和日常观察选拔和培养班干部，由他们带领本班同学参加学院组织的各项品牌活动，在引导活动中实现朋辈的作用，树立优良班风；二是选拔辅导员助理，通过安排相关工作，培养学生的管理能力，在学生中发挥辅导员助理的标杆引导作用，通过朋辈间的日常交往在潜移默化中得到教育和提升。

其次，搭建朋辈教育平台。一是建立一对一的模式，如在党建方面，培养和选拔出优秀党员作为新发展党员的培养联系人，帮助他们进行党员发展工作，包括党员材料收集、政策学习、党日活动等；二是安排朋辈心理辅导，在班级和宿舍范畴内分别由心理委员和宿舍长定期开展心理辅导，采用班会、卧谈等多种方式让朋辈间进行交流和沟通，在提升班级凝聚力的同时，也维护宿舍稳定和谐。

最后，监督朋辈教育影响。朋辈教育固然是推崇的有效方法，但大学生朋辈影响的来源很多，功能也是正、负双向的，因此，有必要对大学生朋辈影响进行调控。例如，对选拔或推荐的学生骨干进行定期培训和考核，确保他们能够发挥好朋辈的正向影响力；利用网络大数据对学生的人际交往范畴进行分析，了解学生所接触的朋辈类型，适时加以调控。

4. 发扬网络优势，培养创新意识与人才

思想工作者利用和掌握网络思政的方法，不仅可以吸引作为网络主体对象的大学生的注意力，还能在长期教育影响中培养学生的创新能力，主要体现在以下方面：

第一，适应网络先进方法，将创新融入思想政治教育中。丰富思想政治教育的具体形式，主动开发课程的创新资源，激发学生的创新意识。以实践学分课程为例，学校可以建立实践学分系统，要求辅导员根据自身擅长和学生需要，在网络上开设实践学分课程，包括人际交往、心理疏导、自我管理等各类课程，学生根据自身情况和时间自行选择，在便利学生的情况下，为学生思想政治教育提供了更多的机会。

第二，让思想政治变得生动有趣，以培养学生自主创新能力。生动有趣逐渐成为学生对一门课程的评价标准之一，无论这是否恰当，都已经成为教育发展的现实趋势。这可以更好地吸引学生对思想政治学习的关注度，培养大学生创新人才。以开设就业创业课程为例，在课堂上加入游戏、测试等环节吸引学生关注，利用大学生对网络的熟悉，建立模拟创业网络平台，邀请相关企业专业人士共同将就业创业课融入网络和实践，为学生提供良好的资源；此外，引导学生利用新媒体开设公众号等平台，进行大数据调研，建立自己感兴趣的社团等，最终实现大学生创新意识和创新人才的培养。

第六章

"互联网+"背景下大学生思想政治意识形态教育创新

第一节 大学生思想政治意识形态教育的教学创新

一、思想政治理论课教学的功能

正确理解和认识理论课教学的功能和具体地位，是非常有必要的。这可以在很大程度上牢牢掌握好理论课教学的功能，并且对理论课教学的地位有充分的认知，以此为基础，对高校意识形态教育进行有效的创新。

高校思想政治理论课教学是为了在一定程度上促进大学生"知、情、意、信、行"的发展。因此，高校思想政治理论课教学的功能主要体现在知、情、意、信、行等方面。

（一）"知"的功能

所谓的"知"，实际上是指增长知识和对是非的一种正确辨别认知。高校思想政治理论课教学通过各种有效途径和方法，使学生较完整、系统地掌握这些科学理论知识，并通过这些理论知识来不断增强自身辨别是非、善恶、美丑的能力，内化为对社会中存在的现象和行为的正确认识与评价。

在高校思想政治理论课教学中，大学生接收信息的质量和水平主要取决于动机需要的选择和思维方式的性质。

第一，动机和需要不仅是启动大学生学习的原动力，而且是保持学习不断推进的持续动力。第二，思维方式直接影响着大学生观察问题、分析问题的具体方法，使其有针对性地从知识体系中摄取相关知识，并按照已有的价值标准对新旧知识做出评判，为新旧思想品德结构的整合、重构提供可行的方式，并以此提高新建思想品德结构的层次和水平。

高校思想政治教师通过合理运用具体的认知原理，针对大学生接受思想政治教育的认知心理表现出的选择性和可塑性特点，提升自己的理论思维品质，建立科学的认知范式，以帮助学生提高其对所获取知识的理解、获取水平，从而使他们形成科学正确的世界观、人生观和价值观。

（二）"情"的功能

所谓的"情"就是指感情。感情是人的各种感觉、思想和行为的一种综合的心理和生理状态，是对外界刺激所产生的心理反应，以及附带的生理反应。从思想政治教育学的层面看，感情是指个人根据一定的思想意识、政治观念和道德标准去评判自己或别人的行为时所产生的一种情绪体验。

"00后"大学生有着活跃的思维，思想相对而言也较为开放，乐于接受新事物，同时情感丰富、热烈。高校思想政治教师在教学中辅以情感的熏陶，不仅可以帮助大学生理解马克思主义基本理论、毛泽东思想和中国特色社会主义理论体系的基本观点、基本内容，而且能在很大程度上引起学生的共鸣，使他们的内心深处能够形成一种情感的完美结合。

（三）"意"的功能

"意"具体是指意志。意志是人们为了进一步实现一定的理想、信念，在所发生的具体行为过程中克服内心障碍和外部困难所做出的一种自觉果断的努力。良好的意志品质，对于大学生的学习和进步、良好行为习惯的形成具有重要的作用。

高校思想政治理论课教学应该通过发挥其所具有的精神力量，进一步使广大大学生对社会、未来和自己充满信心，热爱生活，具有一种良好的精神状态。只要大学生拥有调整行为的精神力量后，意志就会更坚强，充满勇往直前的决心和斗志。

（四）"信"的功能

"信"就是指信仰。信仰是大学生对马克思主义有了较深的认识和相应的情感、意志后而产生的一种信念和追求。信是形成世界观、人生观和价值观的根本基础。

高校思想政治理论课教学通过对马克思主义的世界观和方法论进行传授，进而帮助大学生从整体上把握马克思主义；通过传授马克思主义及马克思主义中国化基本原理，帮助大学生把握马克思主义中国化的理论成果，坚定走中国特色社会主义道路的理想信念；通过传授近代以来中国人民奋斗的历史，帮助大学生了解历史和国情；通过传授社会主义道德、法制教育，帮助大学生增强社会主义法制观念，使其思想道德素质得到一定程度的提高。

（五）"行"的功能

"行"是指具体发生的行为，是大学生在一定的思想认识、情感、意志、信仰的支配下所表现出来的。在大学生思想政治理论水平的不断提高下，情感、信仰不断深化和积累，从而逐渐形成了一种正确的世界观、人生观和价值观，并逐渐固化成一种自觉的习惯。

因此，在高校思想政治理论课教学中通过将课堂教学与实践教学的相关联系，正确引导大学生积极参加社会实践，可以有效地培养他们言行一致、知行合一的良好习惯。

总之，高校思想政治理论课教学功能使得大学生在"知、情、意、信、行"上逐渐发展和变得成熟起来。拥有知识是前提和基础，而情感和意志是内在力量，信念是重要的核心和主导，行为是"知、情、意、信"的一种综合性表现。通过付诸实际行动，又能提高认识，增强情感，锻炼意志，坚定信念，循序渐进，不断深入，不断前进。

二、思想政治理论课教学创新的基本原则

（一）主导性和主体性相结合的原则

解决大学生的思想问题和认识问题，是思想政治理论课教学的一个主要目的，而要达到这一目的，首先必须向大学生完整、准确地灌输马克思主义理论。全面宣传党的路线方针政策，系统地传播先进思想和科学方法。

因此，在思想政治理论课教学中，教师的主导作用必须得到充分的发挥。从字面理解，"主"就是主要，"导"就是引导、向导，就是说，在整个思想政治理论课教学过程中，教师要能控制教学的全局，从而引导大学生的思想朝社会主义方向变化、发展。当然，随着社会的快速发展和各种情况的不断变化，教师在教学中所具有的主导作用的发挥也有了新的内涵。由于教师是教学活动的组织者、设计者、发起者与领导者，所以对整个教学起规划与导引的作用，教师通过系统的有计划的知识传授、理论阐释、言传身教等多种方式对学生价值观等产生重大影响。

在对教师主导性进行着重强调的同时，对于发挥学生的主体性作用也要予以一定的重

视。高校思想政治理论课教学的主体性原则是指教师应该将学生视为实现教育目标的主体，充分尊重其主体地位，注意调动其自我教育的积极性。实践证明，在思想政治理论课教学过程中，思想政治教育理论只有被学生积极主动地接受、内化，才能真正地起作用。而严格来说，发挥学生的主体性需要做到以下几方面：

1. 充分尊重大学生的独立人格

应该把大学生看作一个个鲜活的个体，充分发挥他们在思想政治理论课教学中的选择性和创造性。由于新形势下的学生个性比较张扬，更不喜欢受到过分的约束，尤其不喜欢硬性灌输和枯燥的说教，对此甚至会产生抵触情绪。因此，思想政治教师应该在充分理解和掌握大学生的具体实际情况的前提下，以平等的姿态，动之以情，晓之以理，通过和大学生做知心朋友的方法打动他们，从而将教育者的教育内容有效传递给大学生，以最大限度达到教育的预期目的。

2. 要尊重大学生的个体差异，有针对性地教学

对于每一个大学生而言，他们都有着属于自己独特的知识架构，有自己独特的个性特征，思想政治理论课教学要更多地对个性化的教育进行强调。虽然我们不可能使每一位大学生个性发展的需要都能得到完全满足，但是，可以通过营造自由、民主、和谐的课堂气氛和校园氛围，最大限度地促进他们个性的广泛发展。

3. 要立足于大学生的日常生活

要从大学生的实际需求入手，紧紧抓住大学生在不同发展阶段所具有的特点，抓住不同专业背景学生的特点进行有针对性的教学。无论什么样的方法创新都不能脱离实际，必须善于贴近大学生的现实生活，关注和了解大学生对现实生活的看法和体验，解答大学生在现实生活中的疑问和困惑，把思想政治理论课教学与解决大学生的实际问题紧密结合起来。只有这样，教学才会有一定的意义，不会显得空洞、无力。

（二）思想性和科学性相统一的原则

所谓的思想性原则，具体是指高校思想政治理论课在进行教学的过程中应始终坚持一个正确的政治方向不动摇。这一原则能够对大学生意识形态教育的本质要求和基本规律进行如实的反映，是意识形态教育的根本原则。

当前，思想政治理论课教学的思想性原则主要体现为思想政治理论课教学要旗帜鲜明地坚持社会主义和共产主义方向，要与中国共产党的纲领与宗旨相一致。实现共产主义是党的根本目的，近期目标是实现社会主义现代化，党的根本宗旨是全心全意为人民服

务。而对于思想政治理论课教学来说，就是要始终以此为具体的方向，既要把现阶段党的路线、方针、政策教育与社会主义和共产主义思想教育结合起来，又要从当前我国生产力水平、社会发展状况、教育对象的思想实际出发进行教育，把对教育对象的日常工作、生活、学习、思想修养等方面的教育指导，与实现社会主义现代化的理想教育结合在一起。

1. 坚持思想性原则对大学生意识形态教育来说具有重大意义

首先，只有坚持这一原则，才能保持社会主义意识形态教育的本质特色。社会主义意识形态教育与其他任何阶级社会的意识形态教育的本质区别就是它的共产主义方向，坚持这一方向，就能使大学生意识形态教育的社会主义特色得到有力的保证。

其次，只有始终坚持思想性原则，才能使得人们的思想与行动得到统一，充分发挥思想政治理论课教学的作用，正确的政治方向能够对思想政治理论课教学各方面的力量进行协调，使之能够保证发挥重要的作用。

最后，坚持思想性原则是实现思想政治理论课教学价值的根本要求。思想政治理论课教学价值能否得以实现，必须以教育目的的实现程度和方向原则的贯彻程度来进行全面的衡量。因此，高校思想政治理论课教学要把坚定正确的政治方向放在首位。

2. 贯彻思想性原则须讲究科学性

贯彻思想性原则，就必须将其灵活地运用于思想政治理论课教学与实践。马克思指出："理论只要说服人，就能掌握群众；而理论只要彻底，就能说服人。"这里所谓的"彻底"，就是指理论的科学性，要增强高校思想政治理论课的实效性，就必须保证其科学、真实，如果掩盖事实、歪曲真理，势必会引起大学生的反感而产生抵触情绪，拒绝接受，更谈不上实效性、长效性。

因此，教育者在教育过程中要做到：讲实话，讲真话，讲清理论的真理性，用真理的力量开启大学生的接受之门，使其接受并自觉地内化为思想品德，对具体的行为进行外化。

（三）灌输和情感相结合的原则

在马克思主义中，一个最重要的原则就是坚持进行理论灌输，当然这也是加强高校意识形态教育不可忽视的一项重要原则。灌输，根据其字面理解来说就是灌送、输入、输送的意思。而在思想政治理论课中的灌输，就是具体指教师利用课堂向学生系统传播马克思主义的先进思想和科学理论，传播社会主义核心价值体系。

高校作为育人的摇篮和培育"四有"人才的基地，担负着为党和国家源源不断地输送德才兼备的社会主义事业建设者和接班人的重任,思想政治理论课作为对大学生进行马克思主义理论教育的主渠道,必须坚持灌输的原则。世界社会主义事业的教训证明,放弃了马克思主义理论的灌输,就意味着放弃了社会主义的思想阵地,最后造成的后果不堪设想。

当然,灌输作为思想政治教育的重要原则,并不是对其他方法一味地予以排斥,在新的历史时期,我们必须根据学生思想发展的新特点有针对性地把灌输与情感型教育结合在一起。

情感型教育,实际上是从情感视野描述思想政治教育本质和属性的一个具体范畴。它通常是以思想政治教育为具体的情感现象,以情感态度为方法论,确证思想政治教育的情感本性,对于思想政治教育作为精神生产过程的传播、运行规律进行揭示,把思想政治教育作用归结为一种情感力量的理论。其旨在揭示现代思想政治教育创新与发展应当实现的内涵拓展和建设,体现时代发展要求的"以人为本"新理念的人文价值目标和追求。

情感方法即民主方法、理解解释方法和意义沟通方法。也就是说,思想政治教育是情感型的,而情感是内在于人的精神世界的存在。实践证明,马克思主义理论只有深入人的心灵,深入人的头脑,教育对象情愿接受、认同、顺利实现内化,最终达到行为自觉,这种教育才会有效果。

(四)理论与实践教学相结合的原则

马克思主义具有的一个基本原则,就是使理论与实践能够进行一定程度的结合,当然这也是进一步加强和改进大学生思想政治理论课教学有效性的重要途径。

1. 理论与实践相结合的含义

(1)理论是行动的指南,必须加强理论教学。理论教学是思想政治理论课的基础和前提,如果没有掌握理论而去联系实际,那只能是一种纸上谈兵的形式。社会主义核心价值体系是社会主义意识形态的本质体现。要巩固马克思主义指导地位,坚持不懈地用马克思主义中国化最新成果武装全党、教育人民,用中国特色社会主义共同理想凝聚力量,用以爱国主义为核心的民族精神和以改革创新为核心的时代精神鼓舞斗志,巩固全党全国各族人民团结奋斗的共同思想基础。这就进一步要求高校思想政治理论课在进行教学的过程中,必须采用科学的理论引导来帮助大学生树立马克思主义世界观、人生观、价值观,从而明确树立中国特色社会主义的共同理想。

(2)要充分发挥实践的作用,在实践中深化对理论的认识和理解。对于理论的相关学习和研究，必须和社会发展的具体要求、人民群众的相关实践以及丰富多彩的生活三者结合起来，只有这样，才能具有强大的生命力和影响力。思想政治理论课除了应该要向学生传授马克思主义理论之外，更要使学生运用马克思主义基本立场、观点、方法分析问题和解决问题的能力得到有效的提高；不只是向学生传播真理，更重要的是培养学生追求真理的科学精神，最终目的是让学生学会自我教育。那么，想要达到这一目的，把理论知识的传授与实践教学结合起来就显得非常必要。

2. 理论教学和实践教学相结合需要明确的问题

（1）理论教学与实践教学有主次之分。对思想政治理论课起主导作用的是课堂理论教学，理论教学是高校思想政治理论课的主渠道，而实践教学是辅助性的，是对理论教学的相关拓展和具体延伸。

（2）努力促进理论教学与实践教学的功能互补。虽然理论教学作为主渠道，而实践教学充当的是辅助手段，但是两者各有所长，应该使两者在发挥各自功能的基础上，进一步实现功能互补，从而找到理论教学与实践教学的最佳结合点。

（3）要统筹安排理论教学和实践教学。这里需要强调的是：实践教学作为一种辅助手段，并不是可有可无的，也不是随意能够安排的，而是需要在教学规划过程中做一个统筹安排，进行统一管理。只有这样，两者所具有的优势才能真正发挥出来，从而使思想政治理论课教学的目标得以实现。

三、思想政治理论课教学创新的策略

（一）加强教师专业化发展

思想政治教师身负重任，不仅要提高高校思想政治理论课的教学成效，而且要充分发挥其在促进大学生成长中的作用，因此必须从整体上加强思想政治教师的队伍建设，引领这些教师的专业化成长。

1. 提高教学水平，提升科研能力

首先，思想政治教师对于马克思主义理论的学习要不断予以加强，从而提高其马克思主义理论素养，做到真正理解马克思主义基本原理，拥有正确的政治观点、政治立场，拥有高度的政治责任感和政治鉴别力。对于马克思主义立场、观点和方法善于运用，合理地分析问题和解决问题，在真正意义上做到理论联系实际。

其次，要对教学基本功进行夯实。有效地增强驾驭教学内容的能力，通过采用多种形式的教学方法，对学生的主体性和参与热情进行激发，积极创新教学手段，使课堂气氛活跃起来。

最后，要对学生思想政治教育规律进行积极的研究，不断探索和改进教学方法。坚持教学与研究紧密结合在一起，走"以教促研，以研哺教"的道路，使得教育教学的整体实力得到不断提高。

2. 增强专业使命感

教师产生精神动力的重要保证，就是对思想政治理论课教学价值的一个正确认识。大学生意识形态教育工作是一项功在当代、利在千秋的事业，对于整个国家民族未来的发展来说都具有极其重要的意义。

因此，对于高校思想政治教师来说，应该积极树立正确的专业信念，增强专业使命感。正确地宣传和讲授马克思主义理论，作为教师自身必须坚信马克思主义理论的正确性和先进性，否则就不会具有说服力和感染力，就起不到对大学生的实际教育作用，也就削弱了主流意识形态教育的实效性。

对于高校思想政治教师来说，能够树立正确的政治信仰、坚定正确的政治方向是至关重要的。在传授马克思主义理论知识的基础上，教师还应该善于联系实际，深入了解学生的实际情况，加强对大学生世界观、人生观、价值观的正确引导，做好大学生人生的引路人和指导者。

（二）提高课堂教学实效

1. 创新教学理念

想要进一步使高校思想政治理论课的教学实效有所提高，首要的是让教学理念有所创新。在进一步对学生进行的问卷调查中，学生普遍反映，思想政治理论课教学存在"宣讲式""一言堂""单向说教"的弊端。

确实，在进行思想政治理论课教学过程中，不同程度存在着"教"与"学"两张皮的现象，这就进一步使得"教"与"学"的矛盾比较突出；在教学过程中，教书的成分占到大多数，而育人的成分却很少；教师主导强调得多、学生主体强调得少。长此以往，便使学生失去了兴趣，教学就难以达到一种好的效果。因此，思想政治理论课教学理念的创新，就是要使学生在思想政治理论课教学中的主体地位重点突出，从而积极构建以学生为中心的思想政治理论课教育教学新模式。

（1）"以学生为本"的教育理念的内涵。高校思想政治理论课主要是针对人进行的一项培养活动。在这个过程中，学生是思想政治理论课的本体。因此，"以学生为本"就是要把关于学生的发展作为思想政治理论课活动的本体，一切思想政治理论课活动都从学生的具体发展出发。这是"以学生为本"教育理念的一个逻辑起点。"以学生为本"的教育理念是对人类思想史上人文主义、人道主义思想传统的批判继承，是针对当今社会和现代思想政治理论课中出现的人的物化的弊端并基于教育的本质而提出的。"以学生为本"的教育理念一直以来都注重强调要促进学生的全面发展。当代人的全面发展，不但包含人的自然性与社会性、体力与脑力的发展，还包括生理与心理的全面发展。现代思想政治理论课必须培养全面发展的人，现代社会市场的不断扩大、交往的逐渐广泛化以及个人自由时间的增加也为人的全面发展提供了一定的客观条件。在现阶段，我国还存在一些不利因素，这些因素对于人的全面发展形成了一定的制约。也正因如此，"以学生为本"的教育理念更加强调不断促进学生的全面发展。

（2）坚持"以学生为本"的教育理念的途径与措施。作为受教育者来讲，学生应成为课堂的主人和学习的主体。对于教师而言，也应对自己以前一统课堂的做法进行相应的调整，把师生间知识和信息单向传递的做法予以适当的改变。在进行教学的过程中，教师不但要深入考虑教授的内容和具体方法，还要考虑让学生以什么样的形式学习。现代社会，教师扮演的角色不仅是知识的传授者，从一定程度上来讲，更应该是学生学习和成才的引导者。21世纪人才必备的素质就是要"学会学习，学会创造"。作为高校思想政治教师，一定要采取合理的措施去教导学生学会如何做人、学会用合适的方法学习、学会创造。在教学具体实践的过程中，教师要做到与时俱进，不断创新，研究新的情况，解决新的问题，传授新的成果。只有具有创新精神和创造能力的教师，才善于培养具有创新精神和创新能力的学生。

2. 创新教学方法

无论是课堂讲授还是理论灌输，对于高校思想政治理论课教学来讲，都是具有一定的必要性的，当然，也是一种较为有效的教育教学基本方法。但是，在这个过程中，课堂讲授必须随着学生情况的变化不断进行创新。教学是教与学的统一体，其根本在于要有利于学生的学。

因此，教学方法的创新就是要最大限度地调动学生学习的积极性、主动性，真正让学生享受到上课的乐趣，体会到马克思主义理论的生命力。实践表明，以下几种教学方法具有较好的效果：

（1）主题研讨式教学。主题研讨式教学，通常是以学生最关注的热点话题为主要切入点，通过"师生选题—学生调研—小组汇报—互评讨论—教师总结点拨"的模式组织专题研讨。例如，在"基础"课教学的绪论部分，针对刚进校大学生的困惑进行主题研讨，既帮助老师及时了解学生的困惑，又通过研讨（邀请高年级的学生和辅导员现场回答）澄清学生的模糊思想认识。这种方式既完美地抓住了学生的兴趣点和矛盾点，给了他们平等参与的机会，又能够在很大程度上激发学生独立思考，使他们的主体性得到突出。

（2）参与辩论式教学。当一些问题还存有争议的时候，如大学生提高思想政治素质和专业能力素质哪个更重要、大学生恋爱利大于弊还是弊大于利、大学生该不该从事社会兼职等，通过相关的辩论，既能使学生在辩论的过程中了解其他人对这一问题的明确看法，辩证地理解这一问题，又能够变被动地学为主动地思考、主动地讲，提高学生分析问题、解决问题和语言表达的能力。

（3）情感体验式教学。所谓的情感体验式教学，就是通过影片歌曲赏析、名著名言导读、名人逸事解析、视频动画观赏等方式，积极营造一种浓厚的情感氛围，以典导人、以情动人，让学生在饱满的激情和深深的震撼中加深对某些问题的理解和感悟。

3. 创新教学内容

进一步实现教学目标的主要载体就是教学内容，如果内容存在问题，必然会对教学目标的实现造成一定的影响。思想政治理论课教学内容首先体现在思想政治理论课教材中，这部分内容是基础，是主体部分。教学内容还体现在教师对现实生活主题和热点的挖掘中，体现在教师对马克思主义理论的不断研究中。具体而言，创新教学内容需要做到以下几方面：

（1）吃透教材，将教材体系转化为教学体系。对于高校的思想政治理论课新教材而言，其集全国的智慧进行了精心的编写，其指导思想明确、内容丰富，有较强的思想性、针对性、实用性。但是，这只为好的教学效果提供了一种可能，只有进一步把教材内容完全消化为明确的教学体系，进一步转化为学生可以接受、理解的知识、理想和信念，这种可能才会变成现实。

（2）联系生活，拓展教学空间，深化教学内容。思政课在进行教学的过程中，不能脱离实际，如果脱离社会实际就会丧失其理论的生命力和说服力，只有真正联系我国改革开放和现代化建设的实际，联系当代资本主义变化的实际，着眼于对学生关注的实际问题的理性思考，引导学生运用马克思主义理论不断分析和解决实际问题，才能不断深化学生对主流意识形态的认同。

（3）整合内容，实施专题教学。课时少、内容多是高校思想政治理论课一直以来存在的矛盾，尤其是改革后的新方案，既有两三门科目的整合，又要辟出相应的实践学时。因此，在教学过程中，一定要对教学内容不断地进行整合，牢牢把握住中国化的马克思主义的主题，以建设中国特色社会主义为重点，实施专题教学，精选内容，避免交叉重复，突出重点难点，做到点面结合。

4. 创新教学手段

能够实施的教学手段有很多，而充分利用多媒体技术丰富课堂教学无疑是教学手段创新的一个必然方向。多媒体技术生动形象、内容丰富、信息量大、不受时空的限制，并能将抽象的概念、理论通过影像、图片、图表等媒介加以具体化、形象化，使学生易于全面深刻地理解和掌握理论知识的特点，已经被广泛应用于各种教学。

因此，高校思想政治理论课教学也应该充分运用现代教育技术进行教学手段改革，运用多媒体制作教学课件，把文字、声音、图像和动画结合起来，把一些难以描述的材料形象、直观、生动地展示给学生，使抽象的理论具体化、高深的理论通俗化、复杂的问题简单化，以增强教学的吸引力。

需要注意的是，在创新教学手段的同时，我们必须认识到，从辩证的角度看，传统教学手段与现代化教学手段各有优缺点。现代化教学手段多长于信息的呈现、感官的冲击和审美的教育，却短于品德、情感的交流，短于想象空间的开拓，师生之间缺乏人际交往、情感交往，学生难以从教师那里受到思想、情感、人格等方面的熏陶和感染；现代化教学手段还存在短于具体的技能、技巧的培养，同时对眼、耳的过度刺激有害学生的感官。因此，对待二者不可偏废，要处理好传统教学手段与现代化教学手段的协调关系。

（三）创新教学评价

在教学中，考核是一个重要的环节，它既可以对教师的教学效果进行检验，又可以对学生的具体学习效果进行检验。然而，在长期的教学中，思想政治理论课考核方法基本上是单一的闭卷考试，"课上记笔记，课下抄笔记，考试考笔记"的思维方式使得学生把课程学习的目标定位在应付考试上，教师也很难通过考试对大学生的思想、态度、素质和实践能力等有真正的了解。与教学方法的改革相适应，可以尝试以下三方面的考试改革：

1. 构建模块化考核方式，突出学生的应用能力考核

所谓的构建模块化考核方式，即将考核分为理论和实践两个模块，既对学生的理论掌握情况进行考核，也对学生的实践能力做相关考核，无论是理论考核还是实践考核，都强

调对学生所学知识的理解和运用能力的考核。在对理论部分的考核过程中，采取抽签、指定与自选内容相结合的方式。教师事先准备好题库，学生任意选取一种方式进行现场考核。而实践考核主要结合实践教学进行，采用调研报告的形式，结合学生在实践教学中的综合表现进行考核。

2. 评价主体多元化，将学生的自我考核、学生互评与教师考核相结合

比如，设立"基础"课的教学目标就是最大限度促进学生形成正确的人生观、价值观、道德观和法律观。课程的考核不能离开这一目标。而学生是否在为这样的目标而努力，又在什么层次上达到了这一目标，学生本人和他的同学更有发言权。

因此，在进行相关考核的过程中，可以在一定程度上适当地尝试给予学生一定的主动权，积极引入学生自评和同学互评，从而使评价的客观性和公正性得到有效增强。

3. 突出形成性评价，将形成性评价与终结性评价相结合

适当地调整学生学业成绩考核评定的比例，进一步增加学生日常学习行为的分数占比，也就是形成性评价的具体内容。这里所指的学生日常学习行为，主要包括课堂出勤、课堂笔记、课堂回答问题、作业质量、课堂讨论、课程网络学习完成等情况。这些记录应该分阶段逐次公布给学生，以便于学生能够进行及时的调整与修正。

对学生日常学习行为进行记载的过程，实际上也是高校思想政治教师对学生进行形成性评价的过程。这种形成性评价使用的是可操作性的语言和具体标准，最终也就可以进行量化评定。终结性评价一般是在期末集中采取考查、考试的方式进行。

第二节 "互联网+"背景下加强大学生思想政治意识形态教育的路径创新

一、利用网络新媒体拓宽教育平台

网络作为当代信息革命的重要标志已深深融入人们的生活中，渗透到社会的各个层面和领域。它的高度普及和广泛应用对当代高校大学生的学习、思维、交际和生活的模式产生了巨大的影响，也日益影响着高校的政治态度、道德风貌、价值取向及行为模式等各方面。网络技术的迅猛发展无疑给高校主流意识形态教育创造了难得的发展机遇，同时也

不可避免地带来了严峻的挑战。利用网络进行高校主流意识形态教育是新形势下进一步加强和改进高校工作的必然趋势，高校主流意识形态教育的网络路径创新势在必行。

（一）网络媒体给大学生思想政治意识形态教育带来的机遇

1. 丰富信息来源

在传统的意识形态教育工作中，知识理念的灌输是主要方式，学生处于被动地位，内容枯燥单一，入脑难入心。而互联网的应用明显地改变了这一方式。在意识形态教育工作中，教师可以围绕课题更加广泛、更加方便快捷地搜集资料，丰富了教学资源，创新了教学方式。例如，多媒体在教学中的应用，教师和学生可以更加自由地调配从古至今、从中到外的信息资源，不仅有文字资源，还有声、画、影等资源，教学效果明显改善。

2. 整合教育资源

一是整合学校和家庭教育资源。学校利用网络搭建平台，就坚持家庭教育的重要性、教育方法等问题与家长沟通。同时，及时反馈学生在校的表现，对学生存在的问题进行交流，有利于双方形成合力。二是整合社会资源。网络可以极大地开发其他可利用资源，如其他学校的意识形态教育名师课程资源、现实社会中的意识形态教育资源等，能够极大地提升意识形态教育资源质量，并便捷地获取丰富的、成熟的、经过检验的其他教学资源。

3. 增强意识形态教育的灵活性

利用网络，可以引导学生走出课堂，将意识形态教育工作延伸至社会各方面。例如，可就校内或社会上发生的某个事件，广泛开展交流讨论，通过群体发言的力量，扬善惩恶；设立在线咨询，教师和志愿者实时解决学生的困难、疑问和困惑；可将意识形态教育活动通过网络延伸到校园以外，号召全社会共同参与，开展宣讲、慈善、救助等活动，让学生在社会实践中强化意识形态教育成果。

（二）高校主流意识形态教育网络创新的原则

为适应网络时代的迅速发展，高校主流意识形态教育工作必须加快创新步伐，不断增强高校主流意识形态教育网络路径的开发与建设。创新网络主流意识形态教育，要把握以下两个基本原则。

1. 坚持正面性原则

高校主流意识形态教育网络路径创新，必须按照主流意识形态教育的要求，坚持马克思主义，弘扬社会主义主流文化。西方资本主义利用自己在网络中的优势，欲颠覆社会主义于无形，大肆宣扬自己的价值观，许多腐朽、落后的思想侵蚀与冲击着大学生。我们要有清醒的认识，主动迎战，积极应对，始终坚持正面引导，大力倡导社会主义原则，让马克思主义意识形态占领网络阵地。

2. 坚持时效性原则

网络具有信息量大、信息传播速度快的特点，高校主流意识形态教育要跟得上时代的步伐，主要是教育信息要紧贴现实，结合当前热点信息内容，开展主流意识形态教育活动。不能死抱书本，死背教条，空洞说教。充分利用网络信息，丰富大学生主流意识形态教育内容，及时调整教育形式，以高校当前最关心的问题为切入点进行讨论、交流、学习。高校主流意识形态教育必须积极利用不断更新的网络信息，提高教育效果。

（三）高校主流意识形态教育网络创新的途径

1. 建立高素质的网上高校主流意识形态教育队伍

在网络深刻影响高校的思想、学习、生活、交际之时，许多高校主流意识形态教育者还没有意识到网络给自己带来的挑战。首先，他们对利用现代网络信息技术开展思想教育的意识淡漠；其次，他们也没有掌握一定的计算机网络知识和技能；最后，他们对相关网络法规、网络道德缺乏了解。

因此，为了有效地改变和提高高校主流意识形态教育效果，必须建立一支高素质的网上高校主流意识形态教育队伍，使得广大高校主流意识形态教育者与时俱进，顺应时代发展的需要。

2. 加快建设高校主流意识形态教育主题网站

首先，明确网站建设的指导思想。高校主流意识形态教育主题网站建设必须始终坚持以马克思主义、毛泽东思想和中国特色社会主义理论体系为指导，保证正确的政治方向，以正确的舆论导向主动做好意识形态的工作。旗帜鲜明地高唱中国特色社会主义主旋律，传播社会主义核心价值观，针锋相对地驳斥资产阶级的腐朽思想文化。

其次，加强网站宣传推广。高校主流意识形态教育主题网站应有足够的"人气"，有学生的积极访问与参与，才能实现其教育、引导和服务的功能。为此，必须高度重视网站自身的宣传与推广，运用校园新闻资源，整合校报、广播、电视台等媒体，努力塑造良好的外部形象，使更多的学生知晓网站、认识网站、了解网站、登录网站，对网站高度认同和肯定。

最后，及时更新网站内容。高校主流意识形态教育内容必须及时更新，空洞的理论展示不仅浪费网站资源，而且将逐步在高校中丧失吸引力。只有通过跟踪当前热点话题，围绕一些重大的政治问题、敏感的意识形态问题，及时报道最新进展，旗帜鲜明地发表评论，增强网站内容的吸引力和时效性，才能提高学生的浏览欲望。

3. 加强高校主流意识形态教育的网络管理

第一，制定完善的校园网络管理规范。高校相关部门要以国家的法律法规为依据，结合学校自身的实际情况，制定一系列明确的网络管理规章，规范网上秩序，严肃网络纪律。制定符合高校实际的针对校园网络特点的管理制度和办法，加强对网上舆论管理和监控的力度，对不符合高校主流意识形态教育的行为给予坚决打击，切实净化校园网络环境。

第二，加强网络信息的监控。开展高校主流意识形态网络教育，必须对网络信息进行严格监控，采取有效的技术手段限制，剔除那些妨害学生健康成长的信息，清除思想垃圾，规范网上行为，尽量为学生提供一个良好的网上生活空间。依靠技术手段，加强对网上不良信息的过滤，控制不良信息传播的范围，从信息传播的源头上加强控制，正本清源，扬清去浊，净化网络环境。

现在，手机在学生中已经普及。高校主流意识形态教育要充分利用手机及其网络的功能和优势，通过短信、手机报、手机教育网、家校信息通等载体和平台，不断提高教育的时代性和实效性。

（四）利用网络新媒体加强意识形态教育工作的对策

1. 加强高校党委对意识形态工作的领导

意识形态工作是党的一项极端重要的工作，是高校党委工作的重中之重。高校党委要作为单位意识形态工作主体责任者，党委书记作为第一责任人，要克服认识不到位、主要领导重视不够等思想问题，加强检查指导，建立健全考核奖惩机制，在人员、物资、设备等方面提供充分的资源保障，从思想上、组织上、物质上构筑高校意识形态工作的坚实堡垒。

2. 加强意识形态风险防范

加强意识形态风险的防范是一个系统工程，不仅需要学校内部建立起风险防范工作架构，更需要社会新闻舆论和新媒体的高度自律；不仅需要政府拓宽主流意识形态发声渠道，更需要学校与政府、与社会媒体建立起良性互动的渠道。

3. 加强媒介素养教育

媒介素养，指人们对媒介的有效使用能力，以及对媒体信息的接受、选择、理解和创造能力。进行媒介素养教育要着重培养大学生的信息伦理意识，使学生加强法治观念，自觉维护和创造正确的、良好的、充满正能量的网络信息环境。要培养大学生对各类信息的鉴别能力与批判精神、鼓励和引导学生不盲从、不盲信，保持思想的独立性，把个体价值与社会整体价值有机统一起来。另外，也要加强意识形态教师的媒介素养教育，引导教师关心、关注网络言论与信息，及时发现苗头性问题，有效地利用网络工具加强对学生的思想引导。教师还要对学生习惯和流行的网络语言进行持续了解，以学生乐于接受的语言与交流方式，保持与学生的良好沟通与交流，使意识形态工作的开展更加贴合学生实际，从而提高工作的效率。

4. 加强校园网络社区建设

高校要深入研究网络信息及工具的特点和学生行为方式与思想特征，化被动为主动，充分利用网络为思想政治工作服务。要利用其传播快、互动性强、载体功能强等优点，灵活设计思想政治教育内容，使其成为能够引人注意、引人思考、促人进步的信息。并把此类信息通过自媒体信息发布、交流互动、发展粉丝等方式，以体验式、渗透式、交互式的形式融入学生的生活、学习、社会交往、业余娱乐等环节，切实增强工作的实效性。要顺应网络时代特点，在学生、网络与信息内容三者之间搭建起校园网络社区，把学生从分散的网络世界集中到校园这个大家庭中，成为网络社区的建设者。以网络社区为基础，建成信息交流和教育平台，辅导员利用网络平台开展思想政治工作教育，并将其与传统教育方式相结合，形成多层次、全方位、立体化的思想政治工作体系。

总之，高校应充分发挥网络优势强化意识形态教育工作，利用网络丰富教育资源和教学方式，增强意识形态教育实效。同时也要清醒地认识网络对学生理想信念、道德观念和处理社会关系的影响。在此基础上，通过优化资源配置、加强网络监管和创新意识形态教育方式等手段，最大限度发挥网络优势，避免不良影响、构建科学的意识形态教育工作体系。

二、校园文化建设中融入意识形态教育

意识形态工作是党的一项极端重要的工作。作为中国特色社会主义实践的重要组成部分，社会主义意识形态建设事关党和国家的前途命运、事关民族的凝聚力和向心力。高校作为意识形态工作的主阵地，承担着研究和宣传马克思主义、培育和践行社会主义核心价值观、为实现中国梦提供人才保障和智力支持的重要任务。这就要求坚持把立德树人和意识形态教育工作贯穿高等教育教学全过程，强化高校意识形态阵地建设，因事而化、因时而进、因势而新，通过开展健康向上、格调高雅、形式多样的校园文化活动，做好大学生意识形态教育工作。"00后"大学生的价值观和意识形态还未稳定，他们是社会成员中的活跃分子，容易受到一些别有用心的人的蛊惑，所以意识形态教育需要特别关注大学生，加强大学生价值观的培育，用科学的价值观引领意识形态教育。

（一）校园文化活动对意识形态教育的作用

高校意识形态阵地建设工程，是铸魂工程，是固本工程，也是战略工程，其意义就在于巩固了马克思主义在社会主义意识形态领域的指导地位，巩固了实现伟大中国梦的共同理想基础。通过提升校园文化活动的质量品位，传承校园文化活动的人文精神，打造校园文化活动的"品牌"工程，把透彻的说理同鲜活的语言结合起来，把理论的穿透力同情感的亲和力结合起来，以大学生喜闻乐见的形式和语言回答大学生关注的热点问题，使青年大学生真正成为中国特色社会主义理论的积极宣传者、自觉践行者和坚定信仰者。文艺作为一种特殊的社会意识形态和精神生产形态，反映出从物质世界到精神世界、从生产关系到思想关系的人类全面的社会生活。文艺以独特的形式、形象、意境感染青年、影响青年、塑造青年，在耳濡目染中使青年陶冶情操，提升精神境界。校园文化以一种隐形教育的方式，蕴含着丰富的意识形态教育内容，承载着青年大学生"三观"教育的功能。一部优秀的校园文化作品，可以从世界观、审美情趣、思想品格等方面给大学生带来潜移默化的熏陶。校园文化作品的质量决定着其发挥意识形态教育功能的关键，任何一部文艺作品、任何一项文艺活动的组织呈现，都包含着一定的时间、精力和专业素质，不是一蹴而就的。培养优质文化活动的"体"载社会主义意识形态的"道"，就需要久久为功的精神。

（二）以校园文化活动参与高校意识形态教育

大学将自身建设成为思想文化的标杆、道德文化的旗帜和科技创新的高地，完成促

推、引领和守护社会主义意识形态的历史使命。大学精神是大学发展过程中的原动力，也是最宝贵的传承，对于彰显大学的办学特色和水平有着重要的作用。弘扬大学精神是高校意识形态教育的重要内容。大学精神的培育，除了要进行课堂教育之外，还要在浓厚的人文氛围中开展内容丰富、形式多样的校园文化活动，树立原创性、引领性、示范性的文化品牌，因为校园文化活动浓厚的"品牌效应"对于大学精神的培育意义重大。通过精品工程抓提升、原创作品抓特色、高雅品位抓引领，打造能够反映大学精神的校园文化脉络，体现大学精神的校园文化活动，传递核心价值观，引导大学生追求充满正能量的生活，并增强他们的社会荣誉感和道德判断力。高校意识形态教育要创新实践方式，丰富教育内容，完善教育体系，增强文化自信。探索社会主义核心价值观和大学精神的有机契合，重视民族团结进步教育，提升大学生马克思主义民族观意识。以社会主义核心价值观和大学精神引领校园文化思潮，帮助青年大学生掌握科学的世界观和方法论，加强人文关怀，培育健康心理，弘扬优良学风和校风，从源头上巩固各族青年团结奋斗的共同思想基础。

大学生大部分时间是在高校校园中度过的，校园文化对大学生的成长、成才起着重要影响。校园文化是高校进行大学生主流意识形态教育的重要载体之一，良好的校园文化作为一种宝贵的教育资源，以一种特有的潜在力量影响着大学生的思想素质、道德品质和行为意识等各方面。建设先进的、和谐高校校园文化，有利于进一步加强和改善大学生主流意识形态教育工作，提高教育的实际效果。

（三）校园文化主流意识形态教育的基本内容

校园文化是学校在长期办学实践中形成的学校精神、学校传统、校园文化活动及文化环境的总称，是以塑造学生良好的综合素质为主旨、以学生与教职工的积极交往互动为主干，以课外活动为主要手段，以学校精神与校风为主要特征，所展示的是校园独特的文化感召力、吸引力和统摄力。校园文化主要由校园物质文化、制度文化和精神文化三部分组成。

高校主流意识形态教育中的校园文化是指在高校内，以学生为主体，以教师为主导，在校园文化建设中渗透主流意识形态教育内容，通过潜移默化的形式影响学生思想素质、意识观念和行为形成与发展过程的物质文化和精神文化的总和。重在从校风、学风、校园历史、校园建筑、校园活动等方面体现学校核心精神和教育理念，渗透着国家主流价值观念，对大学生进行潜移默化的熏陶。其主要特点就在于教育内容的渗透性、教育形式的多样性和教育目标的潜隐性。

（四）主流意识形态教育的校园文化路径创新

1. 坚持以社会主义核心价值体系作为校园文化建设的指导思想

校园文化建设的正确定位，关键在于明确其指导思想，以社会主义核心价值体系为指导正是推动校园文化建设的必然要求。校园文化建设是校园文化先进性的可靠保证，是发展社会主义先进文化的重要内容。加强校园文化建设，建设先进校园文化，必须坚持以发展着的马克思主义为指导，以马克思主义中国化的最新成果引领校园文化建设，弘扬健康文化，使马克思主义的理想、信念成为大学生的精神支柱和自觉意识。

2. 坚持系统性和可持续性原则推进校园文化建设

校园文化建设是一项系统工程，既要注重校园"硬件"方面的改善，又要注重"软件"方面的加强。校园文化建设作为一项综合建设，必须坚持系统性和可持续性原则。高校要高度重视校园教学环境和学生生活环境的治理与改善，使校园的规划、景观等呈现一种和谐美。同时，也要注意校园文化宣传，充分利用校报、板报、电台、电视台、网络等传播媒介，推进校风建设和优良学风的形成，在校园内部营造浓郁的积极向上的校园文化氛围，让大学生从中得以滋养、熏陶，促进主流意识形态的形成与发展。当然，先进校园文化建设须经历一个逐步完善的过程，须在实践中不断沉淀，尤其在促进大学生主流意识形态教育过程中，更要深度开发和系统整合校园文化建设资源。

第七章

"互联网+"背景下大学生思想政治教育一体化建设

第一节 基于互联网平台的思想政治课程的一体化建设

一、大数据与思想政治理论课的一体化建设

大数据不仅推动社会体系发生变革，也使教育体系在思维、结构、方式等方面发生重大转向与变革，从而助推思想政治教育理念、方法等方面的革新。但事物发展往往具有两面性：一方面，信息技术与教育的视域融合为思想政治理论课教学注入了新鲜血液；另一方面，我国高校的思想政治理论课自身存在的劣势制约了其发展速度，必须正面分析并予以解决。

（一）大数据与高校思想政治理论课一体化的优势

大数据已经成为信息时代发展的主题。随着国家大数据战略的实施，各高校信息平台也相继完善，加之学生网络化生存的逐步渗透，大数据已由概念推广逐步发展到实践应用阶段，在课堂教学实践中为师生良性互动创造有利条件。

1. 促进思政课教学观念革新

思想政治理论课是教育者在全面了解大学生思想动态和行为表现的前提下，为达到一定的教育目的，对大学生不完善的道德观念、政治观点进行正确的指导教育。大数据在思想政治理论课领域的应用，为教师全面了解学生的思想动态和行为表现提供了前所未有的便捷途径，也促进了师生教育观念的双向互动交流。

2. 拓展思政课教学内容，教学模式更加灵活

学校使用大数据云技术平台，将纷繁复杂的教学资源、教学教务、教研课改、校园安全等校内日常应用转变为智能化、个性化、多终端兼容性应用，能够使用户获得更好的体验。云平台给广大学子提供了一个包容性的学习平台，在课程评价方面，学生使用大数据的学习分析技术，可以对自己知识水平的掌握程度进行科学化的测评。就高校思想政治理论课教学来说，应该建立思想政治理论精品课程网站、数字化的线上学习平台、微课等网络课程阵地，使教学延伸至课堂之外，实现师生线上线下随时互动，使思想政治教育模式活跃起来。

3. 打破时空限制，促进思政课教学资源公平分配

大数据突破了传统空间的概念，促进了思想政治理论课资源的即时共享，思想政治理论课工作者在提升自身的同时也需要对学生因材施教，使教育主客体双向提升。同时，大数据打破了时间界限，学生可以根据自身实际情况、兴趣爱好开展学习，建立属于自己的科学的学习计划，不断提高控制自我、战胜挫折的能力，更好地在学习中得到提升。

4. 激发学生参与热情，有效提升教学实效性

大数据介入的教学模式运用大数据技术，可以支持多样化的课堂教学活动和任务，学生可以根据问题展开充分的独立思考和思维拓展，在软件平台中学生有均等回答问题和阐释观点的机会，全班学生可以对学习成果、心得体会进行即时在线交流与分享，不仅有利于学生的课堂情感体验，也极大限度地激发了学生参与教学的热情。

5. 搭建师生交流平台，满足师生交互需求

在我国尊师重道的传统观念下，大多数学生对老师存在敬畏心理，在大数据发展以后，学生有困难可以在线上寻求合适的老师进行沟通交流，在这里创造了师生平等的空间，学生获得充分的话语权，更加凸显了学生的主体地位。

同时，大数据满足了师生交互需求，使学生能够随时随地交流互动、信息共享和情感宣泄。具体而言，当学生在遇到困难时，可以第一时间通过大数据互联网络寻找自己所需要的答案；当学生学习任务繁重、就业压力大时，也可以利用碎片化时间在网络空间寻找精神上的满足。由此，大数据的即时性特点和交互性优势得到完美呈现。

（二）大数据与高校思想政治理论课一体化的劣势

1. 思政课教学主客体难以快速适应教育模式

传统课堂中，教师占据中心，拥有知识、能力等方面的绝对优势，课堂上传授的知识也是经过教师严格筛选，并根据教学大纲精心设置，以灌输的方式传导给学生，而学生只是被动接收信息。随着互联网的发展，学生有更多选择权，学生的主体性、自主性被更好地凸显出来，学生作为思想政治理论课教育主体，以自我引导、自我总结、自我安排的新模式，完成自身思想的提升、内容的完善与接受。

进入大数据时代，思政课"教师"的角色转变为根据学生的需求科学分配教学任务，循序渐进引导学生开展学习。这种由"授"到"学"的主体权利关系的转变，以及教育观念和教育方式的差异，大大冲击了传统高校以教为主的教育观念，也加大了学生学习的压力，因此绝大部分高校师生在短时间内难以适应。

2. 高校思想政治教师队伍应用大数据媒体能力有待加强

高校思想政治教师队伍面临着大数据带来的新挑战。大数据时代，需要高校思想政治教师群体保持敏锐的信息洞察力和较高的知识素养。针对社会上的热点焦点问题，给予学生正确的价值观导向，避免学生被不良社会舆论蒙蔽。同时注意学生的网络日常使用，针对学生在学习和生活中的各种疑虑及时解答，利用大数据的优势开展思想政治教育。但高校思想政治教师对于现代网络技术的操作还有所欠缺，教师队伍应用操作能力仍需加强。

3. 思政课课堂教学学生学习自主性与自律性不稳定

利用大数据网络随时随地开展自主学习是大数据创新高校思想政治理论课的一大优势，但利用好机会进行高效学习，对学生的自律性要求很高。知识碎片化、时间碎片化、学习碎片化的时代，对思想政治教育学习的整体性、系统性的要求提出了挑战，也与学生学习的实际情况不符。一方面，网络课程学习需要完成多个模块的学习，才能全面掌握各方面知识，极大考验学生的耐心和毅力；另一方面，学生在自主学习过程中遇到困难容易放弃，课程设计及课程考核存在应付心理，极大考验学生的自制力。

（三）基于大数据创新高校思政教学方法

1. 线上线下结合，实现角色转变

高校思政教学者应当主动树立大数据意识与思维，学会运用大数据思维不断更新自己的知识体系。大数据时代，思政教学应当充分运用大数据这一工具，将其融入高校思政教学之中，传统思政教学中的教师作为主要的传授知识的角色将会发生极大的转变。作为大学生的引导者和引路人，思想政治教育者应当适时转变自身的角色，使大学生在教学过程中发挥其主动性与积极性，引导大学生自觉坚定道路自信、理论自信、制度自信与文化自信，从而不断提升高校思政教学的时效性。同时，思想政治教育者应积极探索新的教学模式，将线上教育、线下教育相结合，并使"大数据＋教学"逐渐成为思政教学的重要载体与重要环节，教育者在教学过程中应运用网络这一有效载体了解并掌握大学生的思想动态和心理趋势，教会大学生明辨是非的能力与方法。众所周知，教育系统作为一个复杂的系统工程，要变革其原有的模式不是一蹴而就的，是一个连续的过程。因此，只有实现线上线下结合，克服各方面的困难，才能充分发挥大数据在大学生思政教学中的作用。

2. 构建"大思政"数字化平台

在大数据时代，数据传播非常快，数量也非常庞大。各高校为了处理这些数据各自构建自己的大数据平台，可是各个高校整合数据之后却没有进行全部资源的再整合和处理。我们迫切需求构建一个"大思政"平台，这样的平台可以做到资源整合和扩宽受众面。"大思政"的核心思想就是统一领导、汇集人才专业运行，达到全面育人的目的。首先，建构大思政新媒体平台。目前各高校都拥有自己的新媒体平台，在微博、微信、抖音等社交软件都有自己的账号，每天发布的信息也很多。我们可以建立自己的大思政账号由专人管理，把这些高校好的信息资源进行整合，在平台集中发布，有助于各高校之间的交流。在重要的会议期间，大思政平台在微博上统一发起话题互动，各高校的学生积极留言参与，也利于我们的数据收集。大思政在新媒体平台可以多发起一些活动让各校学生在网络上共同参与。如果考虑到高校的众多和数据的庞大，可以以省市为单位，建立各省的大思政平台。其次，我们可以通过慕课和直播等方式进行线上教学。挑选全国优秀思想政治教师在直播平台上课，学生可以通过预约报名的方式进行上课。各校的学生报名成功后在平台上课既可以和教师进行互动，也可以及时给教师提出意见以提高教师的教学教学水平。这样的做法汇集了一些教育资源，又提高了思想政治教师的教学水平。大思政平台除了线上上课，还可以提供一个反馈模块，让各校师生在反馈模块留言互动，后台对于这些数据进行一些筛选及时反映给各个高校，有利于各高校改进网络思想政治教育工作。

二、网络公开课与思想政治理论课的一体化建设

（一）高校思想政治理论网络公开课的内涵

随着我国各个领域互联网的普及和发展，网络教育已经逐步发展为一种现代化的重要教学手段，网络公开课作为网络教育的主要表现形式之一，在学术界并没有一个明确的概念。

高校思想政治理论网络公开课，是针对高校大学生群体的思想政治理论课教学的网络呈现。相比其他门类的网络公开课，这种形式将会使其本身作为德育课程的内在特性与其在人文社会科学领域中所特有的价值更好地发挥和展现出来。

（二）高校思想政治理论课与网络公开课一体化的可行性

与其他门类的网络公开课相比，思想政治的学科特点凸显了其受教育者更具需求性、广泛性，以及授课效果更具影响性的优势。研究其优势一方面可以更好地提高受教育者的思想素养，规范大众的价值取向；另一方面对其自身和学科的未来演进与发展具有划时代的意义。

1. 思想政治理论网络公开课的受教育者需求更高

思想政治理论不仅能够满足人在物质、精神、文化、劳动、交往等方面的基本需要，也能满足人在不同阶段的个性发展，而人的发展推动着人类经济、社会不断发展与进步，从而进一步促进人的内在素质的提高和主体性的优化。思想政治理论本身以其独特的魅力和功能成为人和社会"需要"的基础，能够满足人和社会发展的需要，是个体与社会存在价值不可或缺的理论源泉。

一方面，思政课能够帮助大学生形成正确的道德观、人生观、价值观和世界观，从而使受教育者更好地满足人类社会发展的需要；另一方面，思政课承担着传播马克思主义科学理论的历史任务和宣传中国特色社会主义核心价值体系的历史使命，指引着受教育者价值体系和行为方式的具体方向，因此，有举足轻重的指导和教化作用。受教育者需要通过思想政治理论课的学习，掌握并运用正确的马克思主义立场、观点和方法去指导实践，从而全面提升社会中"人"的能力。一个具有高素质与坚定信仰的群体对社会所发挥的作用是不可估量的，筑牢人才之基，将大大加快我国社会主义现代化建设的进程，早日实现中华民族的伟大复兴。而其他门类课程的教学内容对个体和社会不会产生这种不能缺少的

"需要"。换言之，广大受教育者和民族都需要思想政治理论课的学习和教育，而其他门类的课程对个体和民族的思想意识产生的影响相对较弱。

思想政治理论网络公开课更是将受教育者的"需要"的实现发挥到极致，从而满足受教育者最大化的"需要"。如果思想政治理论课仅局限于传统实体课堂教学，那么其教学效果具有较大的局限性，就不能使更广泛的群体受益。思想政治理论课借助网络这个特殊媒介，将自身与网络有机结合从而打破这种局限性，更好地满足受教育者的需求，使不同个体或群体随时随地享受这种受用终身的"需要"。由此看出，思想政治理论课更适合网络公开课这种教学模式。

2. 思想政治理论网络公开课的教学对象范围更广

哲学理论中的人具有社会属性，需经历由低级需要向高级需要的发展过程。思想政治理论课的内容是与时俱进的、不断发展的，能够激发广泛的教学对象对幸福和满足的感知。因此，思想政治理论网络公开课能够最大范围地为个体与社会的"需要"提供"接受"的基础与可能，不仅能够满足最广泛"接受"群体的低级需要，也能满足最广泛"接受"群体的高级需要，并且能够更加满足最广泛"接受"个体与社会的发展需要，从而更好地促进人和社会的和谐发展。而其他门类的网络公开课无法满足最广泛的教学对象的"需要"，也无法使最广泛的教学对象去"接受"。

思想政治理论课的内容涉及政治、历史、道德、法律等诸多方面，且这些内容贴近广大教学对象的生产和生活实际，因此其理论是能够被大众群体所听懂的、理解的，是能够被受众群众接受的，也能够被广泛运用到实际生活当中。因此，思想政治理论课的教学对象具有广泛性，而思想政治理论网络公开课会将这种广泛性发挥得淋漓尽致。具有现代传媒特点的思想政治理论网络公开课的教学对象由最初局限性较强的专业人士扩展到了大众范畴，使得任何阶层、任何群体、任何学历、任何年龄的受教育者都可以借助网络这一便利媒介，观看思想政治理论网络公开课，品味思想政治理论与人生哲学的多种乐趣，从中受到思想教化和理论指导，进而提高生活和工作质量。其他门类的课程在实体课堂上的教学对象是专业性较强的一部分人，其网络公开课的教学对象仍然是专业性较强的相应群体，而思想政治理论网络公开课的教学对象更具广泛性，这种得天独厚的优势是其他门类网络公开课所无法比拟的。

3. 思想政治理论网络公开课的授课效果影响更大

思想政治理论网络公开课在授课后产生的社会效应和公众影响力方面，也具有其他门类网络公开课无法相比的优势。

受教育者在观看思想政治理论网络公开课之后，势必会产生来自自身理论认知程度与授课内容印证所引发的不同程度的交流与思考，这能够激发受教育积极思维，提高"正能量"。或是由于自身对马克思主义理论认知较浅而产生的种种课后疑惑，抑或是由于自身潜意识受到西方社会思潮的侵蚀而产生的课后质疑，无论哪种原因都会使受教育者产生"反思效应"。每个人在社会中都不是纯粹孤立的，其同单位群体、友谊群体等具有广泛密切的联系，受教育者所受到的教育，所取得的精神财富，也会通过各种方式传递给这些群体，从而潜移默化地再教育受教育者，促使教育成果不断扩大，不断加深，并逐渐形成扩大化的群体"文化意识"。这种群体性文化意识带来的效应是巨大的、广泛的，甚至是轰动性的，且效应会在相对较长的时间内持续增强，引起更加广泛的社会关注和探讨，形成一种良性连锁反应，最终发展为全社会关注的焦点，社会的聚焦自然又再次将思想政治理论网络公开课推向高潮，引起此起彼伏的理论热议，并使其发展成为一种"文化现象"。这不仅会提升个体的思想理论修养，而且能达到对全社会、全民族思想道德素养的提升和对我国思想德育理论的弘扬和宣传的目的，这也正是思想政治理论网络公开课所追求的教学目标。

思想政治理论网络公开课具有广泛的传播范围，教学语言通俗易懂，教学内容贴近受教育者生活实际，可以满足广大群众的精神需求。因此，在授课后有着未可知的影响力和社会效应。而其他门类的网络公开课，由于受教育者局限于某个群体或专业，所以其在网络公开课授课之后所产生的效应局限在相对应的群体或专业领域，与思想政治理论网络公开课相比，能够形成社会化效应的程度是不可相提并论的。

4. 思想政治理论网络公开课的教学资源具有阶级性

思想政治理论网络公开课的资源利用，充分反映中国化的马克思主义思想政治教育资源利用，要体现中国特色社会主义文化的根本性质，要批判地继承中国传统思想文化和批判地借鉴西方优秀思想文化，满足个人价值追求和民族精神追求的需要。

思想政治理论网络公开课作为网络媒体的传播形式之一，发挥着党和政府对广大群众教化和引导的作用，是党和政府的喉舌与耳目，所传播和宣扬的内容具有较强的专业性和倾向性，是对党的路线、方针、政策及时有效扩散和宣传的重要平台，其理论内容和文化内核是为党和政府服务的，表达最广大人民群众的心声，体现马克思主义文化思想和价值观。因而，思想政治理论网络公开课具有资源阶级性的特质。

5. 思想政治理论网络公开课的教学资源更具广泛性

教学资源的广泛性是思想政治理论网络公开课的一大特点，教育者应将各类思想政治教育资源进行横向与纵向、单项与综合、数量与质量的开发。同时，加强思想政治理论网络公开课资源的传承、互补、替代和支持关系的构建与组合，使资源与资源之间紧密联系、互相依赖、互相促进、互相制约，提高思想政治理论网络公开课资源的综合利用率。

例如，思想政治理论网络公开课可以将祖国的名山大川、古迹名胜等自然资源与多媒体的声音和图像相互组合配置，将优秀英雄人物事迹制作成PPT，配置纪念馆陈列图片等现实资源，对受教育者进行声形并茂的爱国主义教育。又如，将中华人民共和国不同阶段反映国家建设的图片进行相互对比，利用媒体资源和显性资源的相互搭配，结合不同时期党的指导思想和方针政策进行图片的讲解说明。由此可以看出，思想政治理论网络公开课的资源广泛，同种资源的拓展延伸和不同资源的相互结合，可以更好地优化其资源的结构，丰富资源内容，达到教学目的和教学效果。

（三）高校思想政治理论课与网络公开课一体化的意义

西方资本主义国家凭借充足的资金支持和先进的互联网技术，利用网络长期对中国的意识形态进行解构，试图抢夺中国互联网的意识形态话语权，对青年大学生的世界观、人生观和价值观带来极大的负面影响，享乐主义、个人主义、功利主义等思想观念不断渗透、侵入日常网络内容中来，腐蚀着大学生群体的思想行为和价值观念，对大学生思想政治教育教学带来巨大的冲击和挑战。

高校思政教学工作的目的是培养社会主义事业建设人与接班人，所以我们需要深刻认识到网络的重要性。在此背景下，高校思想政治理论课应打破传统局限性，积极抵御西方资本主义各种思潮的网络渗透，发挥网络舆论引导作用，在网络唱响主旋律，弘扬正能量，强化高校思想政治理论课的政治性、思想性和文化性，从而为高校高素质高技能人才的培养提供良好的基础与切实的保障。

思想政治理论对广大受教育者具有广泛的引导和教育作用，能够启迪其智慧，教化其心灵，为其提供精神和物质的满足，为其一生的事业和生活指明前进的方向。思想政治理论网络公开课通过网络传媒的有效助推，可以更好地满足广大受教育者对这种理论的需求，同时也进一步说明了思想政治理论网络公开课的教学对象更具广泛性的特点，广泛的受教育者必然使其网络公开课的授课效果更具社会影响力和感染力。

深化思想政治理论网络公开课的有效性，使其优势得到更深层次、更广泛的利用，将会成为学科领域未来更为关注的研究课题。当然，思想政治理论网络公开课的教学也存在一定程度的难点和劣势，如何规避、解决这些问题也是理论界未来探讨的方向。不可否认，建立一支高素质、高水平的教师队伍是其发展的重要基础，同时，思想政治理论网络公开课在建立具体指标体系、完善育人新模式、拓宽资源开发新渠道，以及健全监督检查机制等方面的研究是未来其优势得以利用和自身发展的重要因素。这也将为思想政治理论网络公开课如何更好地达到其教学目的，实现更高效、更大众化、更人性化地为广大受教育者服务的宗旨提供思考的方向。

（四）高校思想政治理论网络公开课一体化建设的路径

利用网络技术和思想政治理论课有机结合，在网络文化中唱响主旋律，发挥传导正能量的作用，无疑是思想政治教育的新方法、新手段。思想政治理论网络公开课建设是顺应这一新形势的重要举措。

1. 优化教学内容

（1）教学内容的广泛性。教学内容既要指导教学实践，又要服务于受教育者。其确立要遵循以下三个原则。

第一，促进人的全面发展。

第二，传播社会主义意识形态。

第三，增强受教育者的精神素养。要为受教育者提供提升其精神品质和道德修养的精神食粮。受教育者可以借助信息化平台，轻松享受思想政治理论网络公开课提供的理论盛宴，学会品味思想政治理论与人生哲学的多种乐趣，从中接受思想教化和理论指导，满足自身的精神需求和生活需要。

（2）教学内容的准确性。思想政治理论网络公课具有较强的导向性和时代性特点，其教学内容与受教育者思想实际密切相连。因此，与时俱进、思想内涵丰富的教学内容需要采用专题教学的形式。

首先，以思想政治学科为理论依据。使主题具有延展性，适合于受教育者的多元智能发展，从而促进受教育者进行深度和广度的继续学习与研究，学会多种解决生活问题的途径，适应不同情境的变化，进一步培养自身的知识实践能力。

其次，以受教育者为出发点。以建构主义学习理论为指导，主要强调如何让受教育者最大限度地"学"，并且"学"得好，充分激发其主体性和创新性学习意识，发挥其认知主体作用，达到自我启发和自我反馈的良好教育效果。

最后，思想政治理论网络公开课的主题内容要反映国内外社会问题、现象，紧跟时代特点与社会发展形势。

（3）教学内容的实效性。主题是教学专题下设的分论点，是不以某一学科为局限而设立的有价值、有意义的课题，是对专题内容的细化和提升，集合了受教育者的逻辑和方法。对主题的研究和分析，能够解决受教育者在学习活动中存在的问题，从而锤炼主题的思想性和生活性。

2. 优化教学设计

（1）精选素材。素材要精准求实。素材的使用能够起到为主题锦上添花和将主题深化的作用。首先，增添主题思想的感染力和影响力，为受教育者带来直观的体验和感受，刺激受教育者的听觉和视觉，激发受教育者的兴趣，及时更新陈旧过时的教学材料，满足受教育者的精神需求，顺应思想政治理论课的时代发展要求；其次，以受教育者的学习兴趣为出发点，引入备受关注且与生活密切相关的社会事件，激发受教育者分析和思考的主观能动性；最后，以受教育者的认知程度为依据，采用最新数据，使受教育者认同教学内容，从而产生共鸣，达到更好的教学效果。

（2）设计方案。在教学过程中，通过提出主题来点明课程的专题内容，为素材的导入打下基础；植入素材又是解释说明主题的辅助手段，鲜活的素材可以抓住受教育者的心，唤起其学习欲望，使素材内容与其心理产生共鸣；阐释理论不仅可以服务于主题，而且可以使素材更具说服力。在不断分析和解剖理论的过程中，逐步阐明知识点，细化理论内容，步步深入，环环相扣，从而激发受教育者的发散思维，逐步增强理论的深度和广度，使受教育者能够更好、更快地理解和接受理论内容，达到教学目的。

（3）制作课件。实效性较强的课件需要精心制作，对其设计应把握精美、简洁和艺术的标准。

其一，精美性。制作课件的美要基于教学内容的理论美，是将教学内容以科学抽象、和谐新颖的形态表现出来，要精巧不失雅致，美观不失大气。因此，制作课件要考虑颜色的搭配，文字风格与视频影音的协调。不仅要图文并茂，而且要有很强的空间立体感，逻辑、结构与形式相统一，使课件与教学环境、学习的氛围相互衬托。

其二，简洁性。课件使用的目的是使教师更好地演绎课堂艺术，帮助受教育者更好地理解教学内容。所以，课件应简洁大方，素材要搭配得当，采用的图片要经典而珍贵，声音要典型而精短，文字要清晰而简洁，颜色要突出而柔和。

其三，艺术性。课件制作也是一门艺术，课件的艺术表现为图形、色彩、音乐和构思艺术的和谐统一。行之有效的课件制作最终呈现出声形并茂、视听结合、有趣多彩的效果，将教师口述和板书语言的抽象概念、逻辑命题和理论阐释转化成为强烈的感官刺激，使受教育者对教学内容印象深刻，更易于理解和接受，同时也使教学内容更富有感染力。

3. 提升教师教学能力

（1）教师人格魅力的培育。其一，较强的亲和力。思想政治理论网络公开课教师的亲和力是教师与受教育者之间信息沟通、情感交流的能力。富有亲和力的教师使受教育者愿意亲近和接触，有助于受教育者对思想政治理论网络公开课教学精髓的感悟和情感体验，发现课程中的"正能量"，不断提升精神品格和道德修养。因此，思想政治理论网络公开课教师要表情亲切自然、热情洋溢而不显矫揉造作，眼睛充满神韵、果敢坚定而不失温婉灵动，声音柔和温暖、深沉含蓄而不显生硬刻板，展现饱满的热情，显露关爱的情感，营造和谐的氛围，从而感染受教育者，陶冶其情操，博得其尊重和喜爱，使其"爱"上教师的人，"爱"听教师的课。其二，优雅不俗的气质。教师的气质是教师姿态、仪容、举止的总体称谓和综合呈现，体现着教态美，是无声的体态语，具有沟通师生情感、传递教学信息、增强有声语言表达和反馈的重要作用。思想政治理论网络公开课教师要姿态端庄稳重，仪表从容优雅，举止文雅大方，着装朴实得体。加之，其轻柔稳健的步态、微笑镇定的眼神、鼓励自信的目光等肢体语言，可以使受教育者切实感受到教师的课堂气场，从而彰显出思想政治理论网络公开课教师卓尔不凡的人格魅力。良好的形象和典雅的举止，对受教育者产生潜移默化的影响，使其以学习者的身份模仿教师的行为语言，塑造自己的人格品质，进而发掘自身的潜能，发挥自我个性、发现自我价值、提升自身的道德修养，从而使思想政治理论网络公开课达到"桃李不言，下自成蹊"的教学效果。

（2）教师课堂调控的把握。教师在授课过程中，应预先分析受教育者的听课"疲劳期"，采用动静结合、张弛有度的方法，如可以运用诙谐的语言，精选素材制作的动画课件等，调整教学节奏，巧妙地调动受教育者的积极性。同时，教师还要通过眼神、表情、手势等肢体语言渲染气氛，营造轻松、和谐的教学氛围，使受教育者感受到教师的亲和力，以及教学内容的感召力，从而"愿意学、喜欢学"，形成"勤于学，善于思"的习惯，激起其推理和解释问题的愿望，驱使其主动进行思考，发挥思想政治理论网络公开课检验知识、拓展思维、发掘能力的作用，提升课堂的教学质量。

4. 强化网络教学管理

（1）规范管理互联网的使用行为。互联网技术不仅为思想政治教育工作者提供了大量有价值的教学信息，也显著促进了高校教师与学生之间的互动交流，能够使大学生更加准确地理解教师的想法，并给予其自主选择的空间，充分体现了教师与学生在教学活动中的平等性与互动性。然而，网络同时也具有高度的开放性与虚拟性，大量的虚假、不良信息掺杂其中，一些不法分子则趁机肆意散播不良信息，对大学生的思想政治教育工作产生了不利的影响，削弱了高校思想政治教育工作的实际成效，所以，高校应不断完善校内规章体制，将其纳入规范化的管理过程当中。

（2）完善大学生思想政治教育信息监控机制。网络具有一定的开放性及虚拟性，通常不会受到国界或地域的制约。互联网信息不仅数量极大、种类繁多，内容也是非常精彩而多样的。正如驾驶员需要通过多个交通路段才能到达终点，同时又要遵循交通规则一般，大学生运用网络进行深度查找和搜索信息，也应经过一些路径，并严格遵守相应的规则。在大学生思想政治教育工作过程中，必须侧重对学生"网络交通道路"进行系统监管，确保思想政治教育的规范性和有效性。第一，思想政治教育者应充分利用技术手段，不断扩大高校网络安全监管力度。众所周知，校园网络不仅增强校内外之间的联系，也是大学生通向外界环境的重要渠道。所以，各大高校务必做好网络连接出口工作，努力优化网络技术，不断改进校园网络服务器，认真识别与校园网络相接入的社会性网站，强制关闭不健康的网站通道，利用技术手段过滤网络信息。第二，应落实制度建设工作，规范大学生的上网行为，监管信息传播。我国高等教育委员机构认为，所有高校一律遵循"谁主管、主办，就必须谁负责"原则，将网络监督置于首要位置，彻底删除不良信息。在新媒体背景之下，应规范校园网络监督工作，增强其监管力度，并且将责任义务细分到各级院系，从而逐渐提升高校思想政治教育的有效性。

（3）建立科学的网络舆情机制。在教学过程中，思想政治教师要随时关注了解学生对于社会上发生的一些热点事件的看法，了解他们的情感态度。当学生的个人情绪和意见越来越强烈，最后上升到集体态度时，影响力进一步扩大，便形成了所谓的网络舆情。在互联网技术高度发达的今天，许多大学生都习惯于将网络作为自己参与社会生活的主要途径之一，对于热点话题等也都会有自己独特的看法，然而由于网络信息的无限传播且缺乏有效监管，导致网络暴力行为时有发生，对高校的思想政治教育工作也产生了一定的不良影响。因此，思想政治教育工作者应建立并完善校园网络舆情机制，在新媒体背景下，逐步引导大学生形成积极健康的言论与思维方式。

第二节 "互联网+"背景下大学生思想政治教育一体化的机遇与挑战

一、"互联网+"背景下大学生思想政治教育一体化的机遇

(一)教育理念更加开放

任何教育理念都不是凭空产生的,都有一定的现实基础。互联网的发展使得大学生获取信息的渠道拓宽了、速度提升了,互联网打破过去传统媒体对信息的垄断,大学生能够自主选择信息和知识,而不再是被迫接受。传统的教学时空限制与校际隔阂被彻底打破,高校的"围墙"正在逐渐消失。教育过程既要有启动环节也要有跟踪反馈,既要有效果自评也要有效果他评,再也不是教育者一个人自弹自唱独角戏。

(二)教育主客体地位平等

在传统思政课堂中,思想政治教师以单向思维模式掌控着整个教育过程,按照其既定的教育方式和教育内容,对大学生进行信息传递和价值灌输。这种一元教育格局在信息闭塞、教育资料单一的时期收到了较好的效果。"互联网+"时代,信息的生产、传播、获取方式跟之前已经大不相同,迅猛发展的科学技术和多样的学习媒介使得大学生突破时间和空间的限制,实现自主学习。当下,我们思想政治教育者面对的大学生是"00后",他们学习力强,自主意识强,善于在网上展示观点、交流思想、表达诉求。

面对互联网上即时生产的层出不穷的信息,大学生和教师都是平等的接收者,甚至部分具有超前学习意识的学生,其通过互联网所得到的知识储备比教师还要多。互联网打破了教师在资源获取方面的权威性和地位的中心性,缩小了教师和学生的知识差距,为二者平等交流提供了可能。地位的平等让教师获得更多尊重,也让学生者能更好地吐露心声,内心的诉求及时得到关切和回应。

互联网的发展使得学生有困难可以和教师线上沟通交流,在这里创造了师生平等的空间,学生获得充分的话语权。互联网也促进了师生教育观念的双向互动交流,随时随地进行交流互动、信息共享和情感宣泄。

（三）教育内容更加多元

当今时代，互联网当之无愧地成为全世界信息传播最大最快的平台，网络信息资源多元多变、形式多样、快速无界，使思想政治教育的内容从封闭逐渐走向开放。这满足了大学生的知识延展、个性张扬、兴趣培养。但是随着信息数量的剧增，流速的加快，不可避免地出现了信息泛滥、良莠不齐的现象，对大学生思想政治教育提出了更大挑战。

"互联网+"背景下，思政课教学不再囿于固化的课本知识，突破了传统教学内容的有限性和被动性，大学生可以在获取最新的信息资源后，对突发热点新闻事件等展开实时的讨论，不再受到课堂固定设置的内容及上课时间的局限。这极大提高了大学生的学习热情和主动性。教育者可利用网络的丰富性，创新高等学校思想政治教育工作的教学内容；可以通过影视资料让高等院校的学生去了解历史，了解思想政治教育管理工作的内容；可以通过增加动态图、图文资料等方式调动学生学习的积极性。

学校使用大数据云技术平台，将纷繁复杂的教学资源、教学教务、教研课改、校园安全等校内日常应用转变为智能化、个性化、多终端兼容性应用，能够使用户获得更好的学习体验，云平台给广大学子提供了一个包容的学习平台。数字化的线上学习平台、微课等网络课程阵地，使教学延伸至课堂之外，实现师生线上线下随时互动，使思想政治教育课堂活跃起来。

开放的教育资源也对思想政治教育带来了更大挑战，因其打破了原有的知识垄断格局，就导致了传统思想政治教育的可控性降低；数不胜数的教育资源让大学生思想政治教育得以充分延展，也打破了固有的文化欣赏习惯，在这种复杂的文化碰撞中，教育者需要不忘初心，坚持灌输原则，牢牢掌握意识形态在网络空间的主导权和话语权。

（四）教育方式更加丰富

传统思想政治课教学围绕课堂展开，虽然传统课堂具备了成熟的教育理论和教育方法，但是其传播渠道单一，传播范围极其有限，学生学习兴趣不高等弊端也逐渐显现，这种被动接受的大班授课模式学生并不喜欢，因材施教成为一句空话。

正当教育者捉襟见肘时，"互联网+教育"的崛起改变了这种机械式的灌输方式。教师可以通过慕课、微课、教育App、云课堂教学等多样化的方式，深度整合教育资源。而网络中的教学数据可以帮助思想政治教师更好地了解大学生的态度、认真程度、理论学习情况，从而因材施教。

信息化环境下的高校思政课教学工作者要逐步开始尝试采用现代化教学技术实行多

元化的教学手段改革，如多媒体课件教学、移动媒体平台终端教学等。多媒体课件教学，在思政课课堂内时可以以自编自创的讲义为蓝本，通过利用互联网网络教学的丰富资源包括最新的发展形势、图片和案例等丰富的音像资料来充实理论性知识、抽象的概念和乏味的资料等，以丰富思政课教学的内容。根据教学目的，把教学内容所波及的事物以形声统一、试听并用的形式形象的呈现出来。

（五）教育反馈更加及时

四通八达的网络在教育者和大学生之间架起了互动的"桥梁"，教育者利用大数据、云计算、人工智能等技术手段，通过网上数据分析，可以快捷准确地把握学生的最新思想动态、心理困惑和行为特点，从而及时与学生交流信息沟通思想，解答心理困惑，改变不良行为，建立和谐亲密的师生关系。此外，微博、微信、QQ等软件为加强师生的互相了解提供了媒介，拉近了师生的距离，有助于教育者实时跟踪学生思想变化、情感痛点、行为表现，有助于快速全面地观察，前瞻性地做好思想政治教育。

二、"互联网+"背景下大学生思想政治教育一体化的挑战

（一）由海量化信息产生的副作用

海量化信息具备自身特殊性，受众在面对时易感到迷乱，难以明辨信息的真伪。而大学生在面对这些海量信息时，缺乏主动思索且易遭受诱惑，从而对大学生正确价值观念与品质理念的创建有着不良影响，这无疑背离了大学生思想政治教育教授的价值观，影响了教学成效，弱化了思想政治教育能力。

（二）对思想政治教育工作者地位的冲击

网络信息具有及时性的特征。由于我国的基础理论已经基本完成，思想政治教育工作者往往会认为思想政治教育理论工作方式固定、内容稳定。但事实上，理论具有社会实践性，之所以成为国家建设的基础理论是因为它可以跟随时代脚步、共同进步。高校教师应当突破思想僵局，不断更新理论，适应时代发展。在课余时间多关注当代学生所思所想，用他们的视角、他们的语言去审视这个问题，理论来源于学生生活并服务于学生生活。

同时，角色转换不适应也是一个问题。"互联网+"为教育主客体平等关系的塑造创

造了条件，但也给教育者带来了巨大挑战。一方面，高校教师的权威性面临挑战，大学生和高校教师同样可以实时接收互联网信息，高校教师在传统教学时代可以提前备课、提前掌握资料的情况受到挑战。大学生已经成年，他们往往对突发事件有浓厚的兴趣，喜欢在网上关注其最新动态，获取了一手的信息后又往往表现出不满足的态度，于是，他们会在现实空间里与舍友、同学等探讨、交流、沟通、碰撞，对突发事件、热点新闻等形成较深入的认识，引发出更深刻的思考和问题，在此基础上再向教师发问渴望得到教师的专业解答，这种积极探索的学习导致高校思想政治教师的权威在一定程度上减弱，高校教师的知识架构和应急能力受到较大挑战。

而且，相关工作者的工作压力可能会增大。"互联网+"背景下的大学生思想政治教育，早已突破了固有的45分钟界限，而变成了全天候的思想回应、解惑释疑。高校教师的工作变得更加细化和复杂。在备课内容上，传统课堂时代，高校教师的备课主要是备知识，而互联网时代备课除了备知识，高校教师还需要投入更多的精力去预测和前瞻各种可能，还要随时随地在"网上"和"网下"解答大学生的困惑，如果一味地不去关注和理睬，任由其滞延，可能会带来严重的后果。这样，就会占用老师大量的精力。在教学手段上，高校教师要及时地掌握各种应用最新的功能并有效利用，这也是对高校教师的巨大考验。以疫情防控期间的线上上课为例，高校教师要提前建立微信群、QQ群等和学生形成互动，还要在钉钉、腾讯会议、腾讯课堂、雨课堂、超星学习通等一些平台建构课程，这对高校老教师的用网能力是一种考验。

（三）对传统思想政治教育方法的冲击

网络时代，人们的交流方式有了很大的变化。电话发明之前人们是通过书信的方式交流，有了电话之后打电话成为新的主要的交流方式，然而随着微博微信等即时聊天软件的出现，人们甚至可以看到对方细微表情和听到声音的变化，传统的思想政治教育同样如此。传统的教育方式主要以教师的说教为主，学生与教师交流沟通较为困难。网络的出现就拓展了学生的知识面。由于网络具有共享性，教师在课堂分享某条信息的时候，学生可能更了解事情的原委始末，比教师更有话语权。

大学生对新鲜事物充满着好奇，高校的思想政治教育工作要时刻保持新鲜，多与时政新闻挂钩、多与热点事件联系，保持授课内容新鲜、新颖，使学生自发产生学习的兴趣与冲动。为此，保持思想政治教育工作内容的新颖性成为多数高校教育者所要讨论的重要课题。

（四）思政课教学技术应用面临伦理问题

在网络助力思想政治理论课发展过程中，思想政治理论课的技术应用问题随之暴露出来。首先，技术带来的便捷性优势与面临的隐私泄露风险难以平衡。思想政治理论课技术应用缺少审视，媒体技术大行其道，对于技术可靠性不足以及技术安全与维修等保障措施欠缺导致的网络安全问题会对思想政治理论课教学造成一定的影响，例如，各类手机应用软件在课程教学使用中可能造成隐私的泄露、重要教育信息资源丢失等问题。其次，网络硬件问题存在的隐患也会影响思想政治理论课的正常教学，在日常教学中，大数据网络瘫痪、故障等现象难免发生，维修人员并不能每次都及时解决，这就会导致教学课程的中断，不利于教师上课、学生学习的连贯性。

"互联网+"背景下大学生的思想意识中许多事物均可被游戏化，而这同时也包括社会道德标准。例如，当下有部分大学生在遇到别人需要帮助的情况时，只要事件与自己没有任何关系便不会去帮助别人，甚至还有一些大学生会在一些新媒体公众平台上大放厥词表示道德素质无足轻重，而中华民族传承已久的良好品质也逐渐成为某些学生调侃的对象。由此可见，在"互联网+"背景下，社会道德明显出现了被游戏化的现象，大学生道德素质的培养已然成为现今至关重要的话题。

（五）思政育人内容和环境复杂化

信息技术和网络改变了高等院校的学生的思考方式与行为方式，当他们在现实生活中遇到问题与挑战的时候，部分大学生会选择沉溺于网络逃避现实。长此以往，其人际沟通越来越少，甚至走向自闭。网络仅仅是一个工具，是使我们更好地与人交流的平台，不能因为自己的自我管控能力低导致本末倒置。思想政治教育是双向的，教育者与学生要互动起来，经过思想的碰撞，才可使思想政治教育取得丰硕成果，并运用于实际形成良性循环。如果学生一味沉迷网络，不思进取，不仅是对自己人生的不负责，更是会增加思想政治教育管理工作的难度。

"互联网+教育"作为一种伴随着互联网发展而出现的新教育模式，并未改变教育的本质，它只是教育模式的革新。这种革新，一方面随之而来的是其作为新生事物对教育发展所具有的积极效应，另一方面其所引发的问题也纷至沓来。总的来说，"互联网+教育"对我国高校意识形态教育的挑战，以及本身可能带来的问题，具体总结如下。

第一，传统课堂转型出现阶段性"真空期"。教育模式的革新和转型发展使得高校意识形态教育的相关参与主体会出现转型期特有的无所适从，那么，在这个无所适从期，教育能否高效开展尚待检验。

第二，围绕传统课堂打造的一整套教育服务、管理系统已将逐渐失去市场，而新的适配"互联网＋教育"模式的服务管理系统的建立及完善尚需时日，这也会招致教育能否正常开展的问题。

第三，"互联网＋教育"对高校教师提出的要求与高校教师已有的根深蒂固的教育模式和能力不匹配之间的矛盾。无论教育模式如何更新，高校教师都始终承担着对知识的系统传授、教育模式和方法的践行的主体角色，但事实上，"互联网＋教育"模式作为一种新的教育模式，它的推行会不可避免地遇到这样的阻力。从已有的专职高校教师配备来看，35岁及以上年龄的高校教师仍然是公共思想政治教育课教育的主力军，他们在公共思想政治教育课教育的课堂上经过长期的教育实践，在心里已经形成一整套关于传统课堂教学的经验，且这种经验作为其执教生涯的专研累积其认为是有效可行的。这样，部分高校教师便会对"互联网＋教育"存在抵触心理，在教学中坚持自己在传统课堂里累积起来的那一套教学方法，就算是迫于改革压力，他们仍然会只是在形式上做一下践行"互联网＋教育"的样子。另一种情况是，"互联网＋教育"具有一定的技能要求，从课件制作到课程讲授，都需要掌握相应的互联网、App、终端操作技能，而这些要求对于部分年龄较大的高校教师来说，由于他们在适学年龄段缺失对这些技能的学习，导致他们很难胜任"互联网＋教育"的相关技能要求，这无疑会影响教育的有序、有效开展。

第四，"互联网＋教育"所造成的知识碎片化问题以及对学生自觉性的考验。以慕课为例，慕课录制通常围绕某个知识点并脱离特有的教学场域进行，如此一来，系统的教育知识点被慕课小视屏分割为支离破碎的点，加之这一过程中学生是脱离高校教师有效监督的。从实际来看，部分学生自制力差、自觉性不够，在这段可自由支配的时间里都会去做一些自己喜欢却和学习无关的事情，如上网、玩游戏，还有部分同学则分心从事其他事情，这样，连一些自觉学习的学生也会受到这种不良风气的影响。

第五，"互联网＋"背景下高校意识形态教育安全存在威胁。"互联网＋"背景下，多元文化意识形态传播的网络化对高校意识形态教育安全造成外部冲击。一是西方价值观念的渗透，西方通过各种思潮传播冲击主流意识形态；二是网络文化的挑战：网络文化产品入侵，侵蚀国家主流文化；网络偶像崇拜主义盛行，影响价值选择与判断；网络流行语、网络表情包疯传，淡化核心价值观念；三是舆论负能量的冲击：舆论谣言的扩散，动摇政治信仰；舆论暴力的产生，削弱共同思想政治基础。

Reference
参考文献

[1] 李冰．新时代大学生思想政治教育概述 [M]．长春：吉林大学出版社，2022．

[2] 董康成，顾丹华．新时期大学生思想政治教育实践路径研究 [M]．长春：吉林大学出版社，2022．

[3] 金永宪．当代大学生思想政治教育创新研究 [M]．延吉：延边大学出版社，2022．

[4] 晏妮．大学生意识形态安全教育研究 [M]．北京：中国经济出版社，2022．

[5] 徐玉钦．新媒体时代高校思想政治教学模式研究 [M]．长春：北方妇女儿童出版社，2021．

[6] 田自立．"互联网 +" 视域下高校思想政治教育实践研究 [M]．延吉：延边大学出版社，2022．

[7] 钟家全．互联网与新时代高校思想政治教育队伍建设 [M]．成都：西南交通大学出版社，2021．

[8] 冷天玖．互联网背景下高校学生管理模式创新研究 [M]．北京：中国水利水电出版社，2020．

[9] 秦旻，贠雯，刘帅．互联网 + 时代背景下高校思政课程的教学模式探究 [M]．长春：吉林大学出版社，2023．

[10] 李晓曈．新时代学校思政课程一体化建设研究 [M]．长春：吉林大学出版社，2022．

[11] 陈金平．多媒体时代高校的思政教育研究 [M]．北京：北京工业大学出版社，2020．

[12] 何彦新．现代思想政治教育环境分析与优化研究 [M]．长春：吉林人民出版社，2022．

[13] 李丹丹．网络文化环境下大学生思想政治教育研究 [M]．沈阳：辽宁大学出版社，2021．

[14] 张婷婷，黄家福，李珊珊．大数据时代背景下高校思想政治教育创新 [M]．北京：北京燕山出版社，2022．

[15] 钟媛媛．守正与创新：高校思想政治教育理论与实践 [M]．北京：中国传媒大学出版社，2022．

[16] 隆麒．高校思想政治教育理论及践行问题研究 [M]．北京：北京工业大学出版社，2021．

[17] 马光焱，王晓光．新时代高校思想政治理论课改革与创新研究 [M]．长春：吉林大学出版社，2022．

[18] 李亚青，周燕，王静．"互联网 +" 高校思想政治理论教育教学研究 [M]．北京：知识产权出版社，

2020.

[19] 王利平. 网络环境下高校思想政治教育方法研究 [M]. 武汉：武汉大学出版社，2020.

[20] 崔伟，陈娟. 新时期高校大学生思想政治教育创新案例探究 [M]. 长春：吉林大学出版社，2022.

[21] 李晗. 网络时代大学生思想政治教育发展与创新研究 [M]. 沈阳：辽宁人民出版社，2021.

[22] 王英姿，周达疆. 新媒体时代下高校思想政治教育研究 [M]. 北京：九州出版社，2021.

[23] 张翔，马中力. 新媒体视角下大学生思想政治教育创新探索 [M]. 延吉：延边大学出版社，2022.

[24] 邵泽义. 新时代高校思想政治教育管理体系的构建研究 [M]. 镇江：江苏大学出版社，2022.

[25] 杨化. 新时代大学生思想政治教育理论与实践研究 [M]. 长春：吉林大学出版社，2022.

[26] 万娟. 基于创新发展的高校思想政治教育研究 [M]. 长春：吉林大学出版社，2022.

[27] 于超. 大学生思想政治教育理论与实践创新研究 [M]. 长春：吉林大学出版社，2022.

[28] 王光炎，吴迪. 建筑工程概论 [M]. 2 版. 北京：北京理工大学出版社，2021.